# Workbook 2

## David Crossland & Phil Horsfall

© 2001 *LCP*

First published 2001
Reprinted 2001, 2002, 2003

*LCP*
Hampton House
Longfield Road
Leamington Spa
Warwickshire CV31 1XB
England

Tel: 01926 886914
Fax: 01926 887136
E-mail: mail@LCPUK.co.uk
Website: www.LCPUK.co.uk

ISBN 1 902 887 52 2

# Des pays d'Europe

## 2 Écoute et écris la capitale.

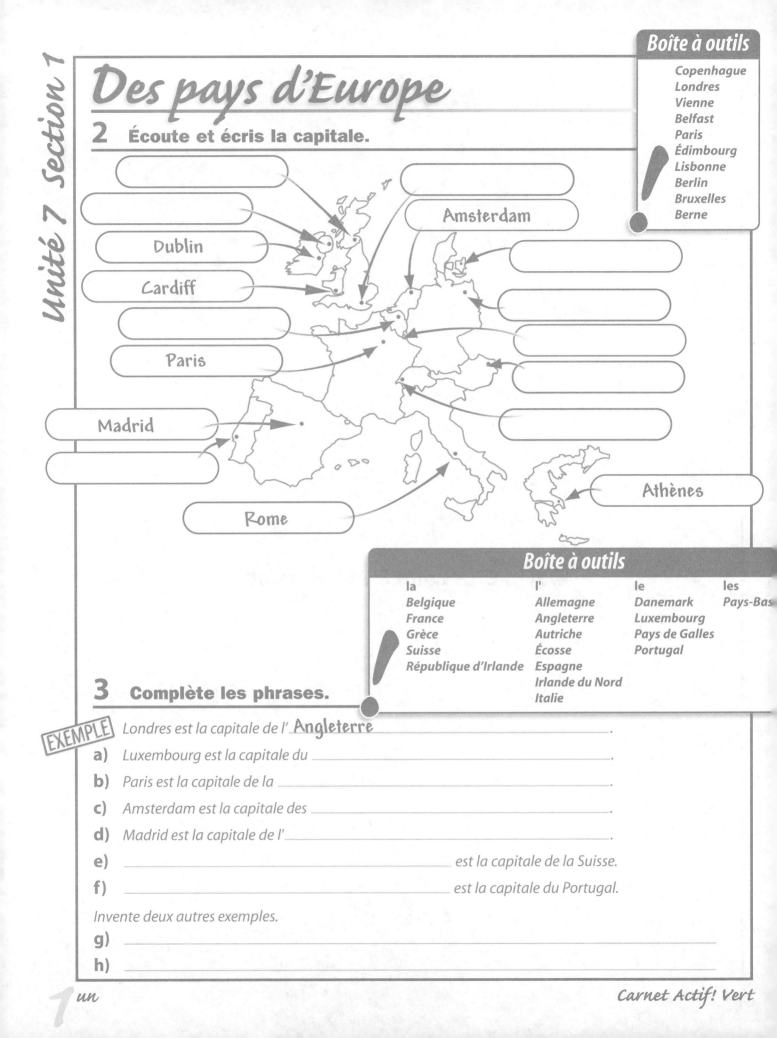

Dublin

Cardiff

Paris

Amsterdam

Madrid

Rome

Athènes

## 3 Complète les phrases.

EXEMPLE   *Londres est la capitale de l'* **Angleterre** _____.

**a)** *Luxembourg est la capitale du* _____.

**b)** *Paris est la capitale de la* _____.

**c)** *Amsterdam est la capitale des* _____.

**d)** *Madrid est la capitale de l'* _____.

**e)** _____ *est la capitale de la Suisse.*

**f)** _____ *est la capitale du Portugal.*

*Invente deux autres exemples.*

**g)** _____

**h)** _____

# 7 Quiz sur des villes de l'Europe

**a) Souligne la bonne réponse.**

|        | Barcelone est | **a)** en Italie | **b)** au Portugal | **c)** en Espagne. |
|--------|---------------|------------------|--------------------|--------------------|
| **i)** | Salzburg est | **a)** en Suisse | **b)** en Autriche | **c)** en Allemagne. |
| **ii)** | Zürich est | **a)** en Allemagne | **b)** aux Pays-Bas | **c)** en Suisse. |
| **iii)** | Rotterdam est | **a)** aux Pays-Bas | **b)** au Danemark | **c)** en Irlande. |
| **iv)** | Milan est | **a)** en France | **b)** en Italie | **c)** au Luxembourg. |
| **v)** | Bonn est | **a)** en Suisse | **b)** au Portugal | **c)** en Allemagne. |
| **vi)** | Aberdeen est | **a)** en Angleterre | **b)** en Irlande | **c)** en Écosse. |

**b) Complète et souligne correctement.**

|          | _Bordeaux_ est | **a)** en Suisse | **b)** au Luxembourg | **c)** en France. |
|----------|------------------|------------------|----------------------|-------------------|
| **vii)** | _____ est | **a)** en Grèce | **b)** au Portugal | **c)** en Espagne. |
| **viii)** | _____ est | **a)** en Allemagne | **b)** en Autriche | **c)** au Danemark. |
| **ix)** | _____ est | **a)** aux Pays-Bas | **b)** au Danemark | **c)** en Irlande. |
| **x)** | _____ est | **a)** en Suisse | **b)** au Portugal | **c)** en Allemagne. |
| **xi)** | _____ est | **a)** en Irlande | **b)** au Pays de Galles | **c)** en Écosse. |
| **xii)** | _____ est | **a)** en Belgique | **b)** aux Pays-Bas | **c)** en Italie. |

# 9 Des footballeurs internationaux *Remplis les blancs.*

**Nom:** Ryan Giggs
**Pays:** Pays de Galles
**Équipe:** Manchester
United (Angleterre)

**Nom:** Emmanuel Petit
**Pays:** France
**Équipe:** Barcelone
(Espagne)

**a)** Giggs habite à Manchester en ___Angleterre___, mais il joue aussi au ___Pays de Galles___ pour l'équipe nationale.

**b)** Petit joue à _____ en _____, mais il joue aussi en _____ pour l'équipe nationale.

**Nom:** Peter Schmeichel
**Pays:** Danemark
**Équipe:** Sporting Lisbon
(Portugal)

**Nom:** Roberto Pinto
**Pays:** Portugal
**Équipe:** Stuttgart
(Allemagne)

**c)** Schmeichel habite _____, mais il joue aussi _____ pour l'équipe nationale.

**d)** Pinto joue _____, mais il _____ .

**Décris un autre footballeur international.**

_____
_____
_____

# Les langues et les nationalités

## 2    C'est en quelle langue?

**a)**
> What's your family like?
> I've got two brothers and a sister, but no pets.

**b)**
> Quanti fratelli hai?
> Ho due fratelli e una sorella, ma non ho degli animali.

**c)**
> Comment est ta famille ?
> J'ai deux frères et une sœur mais je n'ai pas d'animaux.

**d)**
> Πώς είναι η οικογένειά σου ;
> Έχω δύο αδέλφια ή μία αδελφή αλλα

**e)**
> Wie ist deine Familie ?
> Ich habe zwei Brüder und eine Schwester, aber keine Haustiere.

**f)**
> [Arabic/Urdu handwritten text]

**g)**
> ¿Cómo es tu família?
> Tengo dos hermanos y una hermana, pero no tengo ningún animalito.

## 5    Le monde international

(= The international world)

**Écris des phrases similaires pour toi et ta famille.**

> J'ai un dictionnaire français-anglais.

> Notre télévision est japonaise.

> Nous avons une voiture allemande.

> Le frigo dans la cuisine est italien.

> J'ai un ordinateur américain.

> Mon réveil est suisse.

### Boîte à outils

| | | |
|---|---|---|
| japonais | espagnol | grec |
| américain | allemand | gallois |
| français | portugais | anglais |
| hollandais | écossais | belge |
| italien | irlandais | suisse |

**!** E.g. un ordinateur espagnol, une guitare espagn[ole]

**Attention:** italien > italienne, grec > grecque

**Boîte à outils**

| | |
|---|---|
| quel/quelle = which | où = where |
| qu'est-ce que = what | pourquoi = why |
| comment = how | combien = how many |
| quand = when | de quelle couleur = what colour |
| qui = who | |

## 9 L'Europe, c'est facile!

**i)** *Complète les réponses.*

**a)** *De quelle couleur est le drapeau européen?*

Il est _____ et les

étoiles sont _____ .

**b)** *Quelle est la date de la fête européenne?*

C'est le _____ .

**c)** *Comment s'appelle l'hymne européen?*

Il s'appelle '_____' .

**ii)** *Complète les questions.*

**d)** Il y a _____ de pays dans l'Union européenne?

*Il y a quinze pays en tout.*

**e)** _____ est le passeport européen?

*Il est rouge bordeaux.*

**f)** _____ sont les bâtiments du Parlement européen?

*Ils sont à Strasbourg en France et à Bruxelles en Belgique.*

## 10 Les drapeaux

*Remplis les blancs et colorie les drapeaux.*

**a)**

Le drapeau français est bleu, blanc et _____ .

**b)**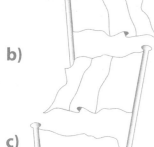

Le drapeau _____ est vert, blanc et rouge.

**c)**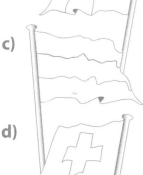

Le drapeau allemand est noir, _____ et

_____ .

**d)**

Le drapeau _____ est rouge et blanc.

**e)**

Le drapeau portugais est _____ et

_____ .

*Écris une phrase.*

**f)**

_____

# Les nombres et l'euro

## 2 Ça fait combien? (= How much does that come to?)

*Remplis les blancs.*

EXEMPLE

a) Cinq multiplié par quatre, ça fait _vingt_ .

b) Sept multiplié par dix, ça fait _____.

c) Onze multiplié par huit, ça fait _____.

d) Huit multiplié par _____, ça fait cinquante-six.

e) Trente divisé par cinq, ça fait _____.

f) Quatre-vingt-six divisé par deux, ça fait _____.

g) Quarante-huit divisé par _____, ça fait seize.

h) Soixante-douze _____ par six, ça fait douze.

i) Quatorze _____ par trois, ça fait quarante-deux.

j) Trente-six et soixante-trois, ça fait _____.

## 5 C'est quelle année? (= What year is it?)

*Écoute. Souligne la bonne date.*

| | | | | |
|---|---|---|---|---|
| a) | C'est la révolution française. | 1689 | 1789 | 1889 |
| b) | On fait le premier croissant. | 1859 | 1683 | 1783 |
| c) | Louis Blériot traverse la Manche en avion. | 1889 | 1905 | 1909 |
| d) | Le chocolat arrive en Europe. | 1528 | 1582 | 1815 |
| e) | C'est l'année du premier aéroglisseur. | 1915 | 1950 | 1959 |
| f) | La France gagne la Coupe du Monde de football. | 1996 | 1998 | 2000 |
| g) | Les frères Lumière ouvrent le premier cinéma du monde. | 1859 | 1885 | 1895 |
| h) | Neil Armstrong marche sur la lune. | 1963 | 1969 | 1971 |

## 7 Mot diagonal

*Complète les réponses 1–8. Trouve le mot diagonal.*

1. L'Europe a besoin de 70 _____ de pièces.

2. Sur chaque billet, il y a une _____ de l'Europe.

3. Sur les billets, il y a des fenêtres ou des _____ .

4. Il y a combien de pièces différentes? _____

5. Les pièces de 10, 20 et 50 cents sont de quelle couleur? _____

6. Les pièces de 1, 2 et 5 cents sont de quelle couleur? _____

7. Sur le billet, il y a un _____ .

8. C'est le _____ européen.

Le mot diagonal, c'est _____ (l'emblème de la France).

## 9 Note les prix.

*Écoute. Note les quatre prix.*

EXEMPLE

16€

*Invente d'autres conversations pour les autres articles.*
*Écris deux dialogues.*

# Quel temps fait-il?

## 4 Le temps en Europe

**a)** *Lis et dessine le bon symbole sur le pays.*

En Italie, il fait beau.
Aux Pays-Bas, il neige.
En Écosse, il y a du soleil.
En Autriche, il y a du brouillard.
En France, il fait froid.
En Grèce, il y a du vent.

i)
ii)
iii)
iv)
v)
vi)
vii)
viii)

**b)** *Invente le temps et écris une phrase.*

ix)
x)

_____        _____

_____        _____

## 5 Invente un rap.

*Invente un rap et dessine les symboles.*

À Chinon, il fait chaud, chaud, chaud. EXEMPLE

_____

_____

_____

_____

_____

_____

### Boîte à outils

il y a du brouillard
il fait beau
il y a du soleil
il fait chaud
il y a du vent
il fait froid
il neige
il pleut

Chinon
Nantes
Beaune
Froideville
Pleumartin
Brive
Souillac
Vence

**8** **Remplis le tableau.**

*Écris la date et décris le temps.*

| le___ dimanche le 5 octobre | EXEMPLE |
|---|---|
| | Il pleut, mais il fait chaud. 19 degrés. Il fait beau. |

| Date | Matin | Après-midi |
|---|---|---|
| **lundi** le_____ | | |
| **mardi** le_____ | | |
| **mercredi** le_____ | | |
| **jeudi** le_____ | | |
| **vendredi** le_____ | | |
| **samedi** le_____ | | |
| **dimanche** le_____ | | |

**9** **Ajoute les voyelles qui manquent.** (= Add the missing vowels.)

a) Il f___t ch___d.

b) D_ns l_ n_rd d_ l_ Fr_nc_, _l f__t b____.

c) L_ t_mp_r_t_r_ _st d_ q___nz_ d_gr_s.

d) _n h_v_r, _l f__t fr__d _t _l n__g_.

e) _l n_ pl__t p_s s__v_nt d_ns l_ M_d_.

# Le temps et les activités

## 2 Qu'est-ce qui manque? (= What's missing?)

*Complète les verbes.*

a) Je mang____ dans la cuisine.

b) Nous prépar____ le dîner.

c) Mon père pass____ l'aspirateur.

d) Tu te couch____ à quelle heure?

e) Est-ce que vous aim____ les feuilletons?

f) Ma sœur ne jou____ pas au football.

g) Les cours dur____ 40 minutes.

h) Mes copains ne travaill____ pas le dimanche.

i) Au collège, nous port____ un uniforme.

j) Quelquefois, je rang____ ma chambre.

## 3 Écris des phrases.

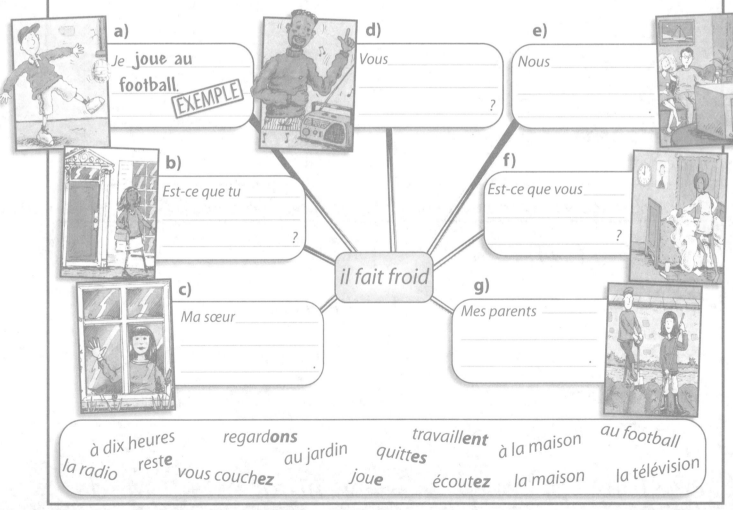

**a)** Je **joue au football.** EXEMPLE

**b)** Est-ce que tu _____ ?

**c)** Ma sœur _____ .

**d)** Vous _____ ?

**e)** Nous _____

**f)** Est-ce que vous _____ ?

**g)** Mes parents _____

*il fait froid*

à dix heures   regard**ons**   travaill**ent**   à la maison   au football

la radio   rest**e**   vous couch**ez**   au jardin   quitt**es**   jou**e**   écout**ez**   la maison   la télévision

*Carnet Actif! Vert*

## 9 C'est bon (✓), c'est meilleur (✓✓) (= This is good (✓), this is better (✓✓)).

*Il fait froid. (✓) Je reste à la maison. (✓)*

*Quand il fait froid je reste à la maison. (✓✓)* EXEMPLE

*En hiver, quand il fait froid, je reste à la maison. (✓✓✓)*

a) *Il fait beau. (✓) Nous jouons au tennis. (✓)*

_____ (✓✓)

_____ (✓✓✓)

b) *Ma famille va à la plage. (✓) Il y a du soleil. (✓)*

_____ (✓✓)

_____ (✓✓✓)

c)

◄ _____ (✓)

_____ (✓)►

_____ (✓✓)

_____ (✓✓✓)

d) _____ (✓) _____ (✓)

_____ (✓✓)

_____ (✓✓✓)

## 10 Une carte postale

(= A postcard)

*Écris la carte postale correctement.*

CherDavidBonj
urJesuisenEspa
neavecmafamil
eIlyadusoleilet
lfaitchaudQuan
dnousallonsàlap
lagenousjouons
danslamerAmiti
ésChristophe

CORREOS ESPAÑA
2465   6-14 de Octubre del 2000
**70 PTS

David Dupont

13, rue de la poste

37000 Tours

Fran_____

# Des pays francophones

## 1 La lettre de Frédéric

*Lis l'autoportrait de Frédéric!*

l'Afrique

Bonjour !, je m'appelle Frédéric et j'ai onze ans.
Je suis né le 17 août 1989 ;
Je suis grand, j'ai les cheveux noirs et les yeux marron.
Mon père est français et ma mère est malgache.
J'ai une sœur aînée, elle s'appelle Stéphanie et elle a 23 ans.

J'habite à Madagascar, c'est une belle île dans l'Océan Indien. La capitale s'appelle Antananarivo.
Il fait très chaud et il y a beaucoup de soleil.
Je suis en classe de sixième au lycée français.
C'est un très grand lycée : j'étudie le français, les mathématiques, la géographie, l'histoire, les sciences, le sport et l'anglais.
Ma matière préférée est le sport mais j'adore aussi les maths !

Antananarivo

Madagascar

## 2 Mon autoportrait (= My self-portrait)

*Écris ton autoportrait.*

_____

_____

_____

_____

_____

_____

# 4 Des photos du Sénégal et de la Suisse

*Décris chaque photo avec une phrase.*

a)

b)

c)

d)

e)

f)

# 5 C'est quel pays?

*Coche (✓) si c'est vrai pour la Suisse (  ), le Sénégal (  ) ou les deux (  ).*

| | | | |
|---|---|---|---|
| a) | Il pleut beaucoup entre juin et octobre. | | | |
| b) | Il n'y a pas beaucoup d'habitants dans l'est du pays. | | | |
| c) | On parle français et d'autres langues. | | | |
| d) | Beaucoup de personnes sont musulmanes. | | | |
| e) | La monnaie est le franc. | | | |
| f) | Il y a des plages. | | | |

# Productif!

**Lis les exemples.**

# On présente son pays.

## La géographie

La population: La population de la Belgique est de 10.200.000 personnes.

La capitale: La capitale du Québec s'appelle Montréal.

La langue: En Allemagne, on parle allemand.

## Le climat

En hiver, dans mon pays, il ne neige pas – mais il pleut souvent.

En été, au Portugal, on mange beaucoup à l'extérieur.

## D'autres détails

La monnaie: La monnaie en Suisse, c'est le franc.

Le sport: Un sport typique en France est le rugby.

La religion: La religion principale dans mon pays est le catholicisme.

L'école: L'école commence à huit heures. Il n'y a pas d'école le mercredi.

Les maisons: Une maison typique au Luxembourg a une cave et des volets.

*Écris une présentation de ton pays.*

# Je présente mon pays.

### La géographie

_____

_____

_____

_____

_____

_____

### Le climat

_____

_____

_____

_____

_____

_____

### D'autres détails

_____

_____

_____

_____

_____

_____

# En ville!

## 2  Où va Luc?

i)  *Trace une ligne pour la route de Luc.*

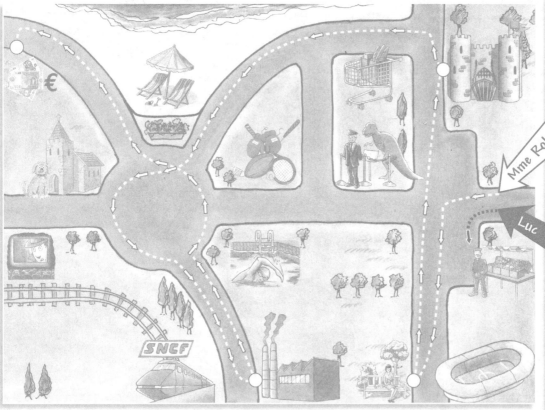

*D'abord, Luc va au marché. Puis il va à la plage et regarde la mer. Après, il va à la gare où sa copine Céline arrive. Ensuite, ils vont à la piscine – ils adorent faire de la natation! À une heure ils vont au supermarché et ils mangent ici. Quand ils quittent le supermarché, ils vont au complexe sportif. Plus tard, ils vont au cinéma. Enfin, ils vont à la gare et Céline rentre à la maison.*

ii)  *Où va Madame Robin? Décris sa route.*

_____

_____

_____

_____

_____

## 4  C'est où?

*Dessine sur le plan une voiture, un autobus, un homme et une femme.*
*Décris la scène.*

EXEMPLE

Le chien est devant l'église.

_____

_____

_____

## 7  Question et réponse

### Écoute. Complète la question. Coche la bonne réponse.

**Boîte à outils**

Est-ce que/qu'...
Qu'est-ce que/qu'...

**1** _____ il y a un supermarché dans le centre-ville?

**a)** Non, le centre-ville est près d'ici. ☐

**b)** Il y a un vieux château. ☐

**b)** Oui, il est à côté de la grande place. ☐

**2** _____ il y a en face de la gare?

**a)** Oui, il y a une gare ici. ☐

**4** _____ tu joues du violon?

**3** _____ tu fais dans ta chambre?

**a)** Il y a mon lit et une armoire marron. ☐

**b)** Je joue à l'ordinateur. ☐

**a)** Non, mais je chante à l'école. ☐

**b)** Oui, la ville est très jolie. ☐

## 9  Un plan de la ville

### i)  Lis le dialogue. Complète le plan de la ville.

- Est-ce qu'il y a un cinéma dans la ville?

- Oui, dans la rue Voltaire.

- Qu'est-ce qu'il y a en face du cinéma?

- Il y a une banque, et à côté de la banque on trouve l'office de tourisme.

- Qu'est-ce qu'il y a dans la rue Pasteur?

- Il y a un grand musée dans le parc. Derrière le parc, il y a la piscine. Elle est dans l'avenue Émile Zola.

- Il y a un café près de la piscine?

- Non, mais il y a un bon café dans le boulevard Charles de Gaulle entre la gare et l'hôtel Ibis.

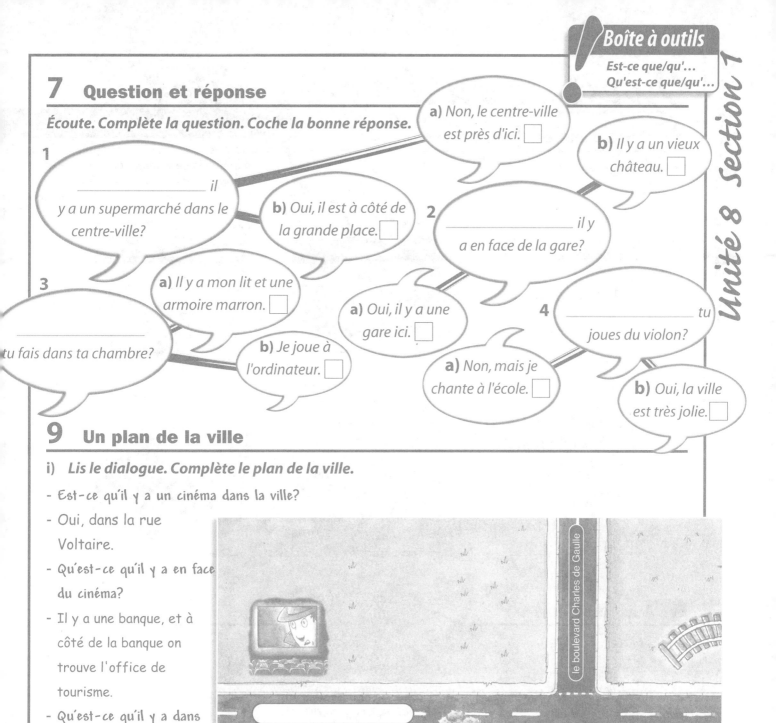

# Qu'est-ce qu'il y a en ville?

## 2 C'est dans quel magasin?

*Écris le magasin.*

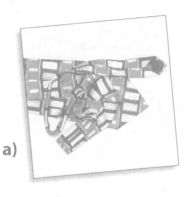

a)

b)

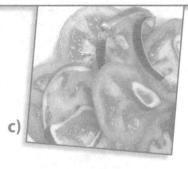

c)

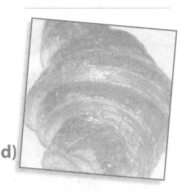

d)

e)

f)

## 4 Vrai ou faux?

*Lis les textes.*

> Nous travaillons ici dans la librairie. Si vous aimez la lecture, c'est le magasin idéal. Nous vendons des livres, et aussi des stylos, des crayons, etc. – tout pour le collège. Le magasin est fermé le lundi.

> Tu aimes le sport? Ici, dans le magasin de sport, on vend par exemple des maillots, des boules et des balles. Les employés ici sont jeunes et sportifs et ils aiment leur travail. C'est très chouette. Le magasin est à côté de la librairie.

*Écris V ou F.*

a) Pour des trousses et des gommes, une librairie est idéale. ☐

b) Les employés détestent travailler au magasin de sport. ☐

c) Dans le magasin de sport, on vend des vêtements. ☐

d) La librairie n'ouvre pas le lundi. ☐

e) La librairie est près du magasin de sport. ☐

f) Le magasin de sport vend des timbres. ☐

# 9   Fais le plan d'une ville.

*Lis la description.*

Le parking est derrière la gare.

Le château est près d'un carrefour.

Il y a une poste en face de la pharmacie.

À côté de la rivière, il y a une église.

Il n'y a pas de piscine.

*Dessine et décris ta ville imaginaire.*

# Premier, deuxième, ...

## 4   La musique ou le football en France

*Utilise l'Internet.*    *Par exemple, pour la musique pop:*
*http://www.top50online.com/tops/tops_fr.html*

**Fais une liste des dix premières chansons et équipes de foot.**

Les Inrockuptibles sont en première position.

St. Étienne est en troisième position.

## 5   Le classement de mes matières

(= My subjects in order)

**Fais une liste de tes matières. Commence avec ta matière préférée.**

EXEMPLE L'anglais est en première position.

## 9 Interactif! C'est bien ça? (= Is that right?)

À deux. Commence à l'église sur le plan. (Partenaire A) choisit une destination, et donne des directions. (Partenaire B) trouve la destination sur le plan.

**Boîte à outils**

aller
tourner
continuer
passer
traverser
prendre
← à gauche
→ à droite
↑ tout droit

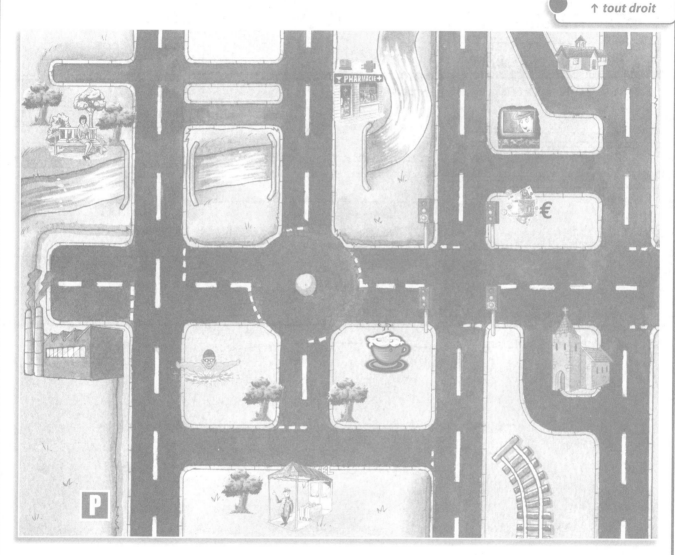

## 10 Corrige les erreurs.

Écoute. Corrige les erreurs.

*Pour aller au musée, tu vas tout droit. Puis tu tournes à droite. Continue et passe sur le pont. Après le carrefour, prends la troisième rue à droite. Ensuite, passe la Place Victor Hugo. Tu as le marché à droite devant toi.*

# C'est loin?

**4** **C'est à quelle distance de ma maison?**

EXEMPLE l'école

L'école est à cinq cents mètres de la maison.

500m

chez moi

**6** **C'est à quelle distance en avion?**

*Écoute. Remplis les blancs.*

1. Paris est à ___5400___ kilomètres de Montréal. C'est-à-dire, Paris est à ___sept___ heures de Montréal en avion.

2. Paris est à _____ kilomètres de la Guadeloupe. C'est-à-dire, Paris est à _____ heures et demie de la Guadeloupe en avion.

3. Paris est à _____ kilomètres de Bruxelles. C'est-à-dire, Paris est à _____ minutes de Bruxelles en avion.

4. Paris est à _____ kilomètres de l'île Maurice. C'est-à-dire, Paris est à _____ heure de l'île Maurice en avion.

5. Paris est à _____ kilomètres d'Algers. C'est-à-dire, Paris est à _____ heures d'Algers en avion.

## 7 Un jeu de société

*Invente un jeu de société pour un tour de la ville.*

(= Make up a board game for a trip around the town.)

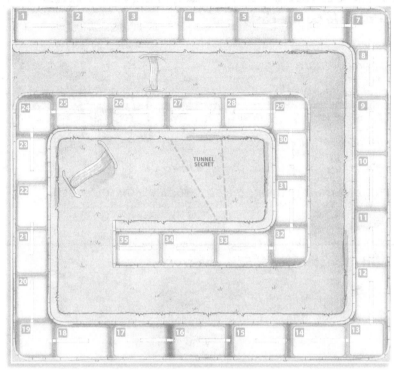

2 Le feu est vert. Lance encore le dé.

28 La pharmacie est fermée. Recule de deux cases.

| Positive | Négative |
|---|---|
| | |

# Qu'est-ce qu'on peut faire?

## 4 On peut ... ou on ne peut pas?

*Quel texte correspond à chaque image? Coche la bonne case.*

**a)**

**b)**

**a)** **i)** Je ne peux pas prendre mon vélo. ☐

**ii)** Je peux aller en ville à vélo. ☐

**b)** **i)** Elle peut prendre le métro aujourd'hui. ☐

**ii)** Elle ne peut pas prendre le métro. ☐

**c)**

**c)** **i)** Papa, est-ce que nous pouvons prendre la voiture? Il pleut. ☐

**ii)** Papa, est-ce que nous pouvons aller à pied? Il y a du soleil. ☐

## 5 C'est positif ou négatif?

**i)** *Écoute. Un aspect positif? Coche (✓). Un aspect négatif? Fais une croix (X).*

**a)** 1 ☐ 4 ☐
2 ☐ 5 ☐
3 ☐ 6 ☐

**b)** 1 ☐ 4 ☐
2 ☐ 5 ☐
3 ☐

**ii)** *Lis. Un aspect positif? Souligne et coche (✓).*
*Un aspect négatif? Souligne et fais une croix (X).*

EXEMPLE ✓

**c)** J'aime bien prendre ma voiture parce que <u>je peux aller directement à ma destination.</u>
Quelquefois je ne peux pas trouver un parking en ville. Quand beaucoup de voitures
font la queue à un feu rouge ou à un rond-point, je n'avance pas très vite. Mais ma
voiture est très confortable et je peux écouter ma musique préférée.

**d)** Mon frère et moi, nous avons une trottinette à moteur. C'est
pratique, parce que nous pouvons avancer vite en ville, même quand
il y a beaucoup de voitures. Mais nous ne pouvons pas porter de grands
sacs. Et attention! En hiver quand il neige, c'est dangereux!

### Boîte à outils

prendre le train
le métro
le bus
le taxi
aller en voiture
aller en vélo
marcher

**iii) Et toi?** EXEMPLE

Pour aller au cinéma, **je peux prendre le bus ou je peux aller en voiture.**

Pour aller au collège, _____

Pour aller à la piscine, _____

Pour _____

## 9   Dessine la situation.

On ne peut pas jouer au ballon dans le parc ici.

– Monsieur, il fait froid. Je peux fermer la fenêtre?
– Oui, Rachel.

Quand il neige, mon grand-père ne peut pas
quitter la maison.

## 10  Des codes

*Écris les phrases correctement.*

**Code 1: *a = b, b = c, etc.***
i)   *kf of qfvy qbt gbjsf nft efwpjst*

ii)   *ftu-df rvf opvt qpvwpot nbohfs ebot vo sftubvsbou?*

**Code 2: *a = 1, b = 2, etc.***
iii) *13,5,19   3,15,16,1,9,14,9   14,5   16,5,21,22,5,14,20   16,1,19   1,12,12,5,18   1,21   16,1,18,3*

iv) *20,21   16,5,21,24   1,9,4,5,18   20,15,14   16,18,15,6,5,19,19,5,21,18?*

# Pour traverser la Manche

## 2 Pour traverser la Manche – des questions en anglais.

**a)** *When can't a plane take off?*

**b)** *What is another disadvantage of flying?*

**c)** *Why is the journey through the tunnel described as boring?*

**d)** *When can the Seacat be uncomfortable?*

**e)** *What can you do on the boat?*

**f)** *Why is swimming the Channel not seen as such a good idea?*

**g)** *Who was Captain Webb?*

**h)** *Who was Louis Blériot?*

**i)** *How long has the Channel Tunnel been open?*

## 3 Pour aller en France

**i)** *Copie dans le texte une phrase pour décrire les images.*

**ii)** *Remplis les blancs.*

**a)** *On peut manger dans le restaurant.*  le bateau EXEMPLE

**b)** *C'est très rapide mais très cher aussi.*

**c)** *C'est très difficile parce qu'il y a une grande distance à faire.*

**d)** *Ce n'est pas confortable quand il y a beaucoup de vent.*

**e)** *Il n'y a pas grand-chose à faire.*

## 5 Pour quoi faire?

*Trace une ligne pour faire correspondre les deux parties des phrases.*

a) *Karine va à la piscine …*

b) *Nous achetons des salades …*

c) *On clique sur la souris …*

d) *Je quitte le collège à 5 heures …*

e) *On va dans la salle de bains …*

i) *… **pour préparer** un pique-nique.*

ii) *… **pour rentrer** à la maison.*

iii) *… **pour nager**.*

iv) *… **pour se laver**.*

v) *… **pour ouvrir** le fichier.*

## 8 Mon moyen de transport original

*Dessine et décris ton moyen de transport.*

*Mon moyen de transport original s'appelle* _____

# Productif!

*Lis les exemples:*

C'est un petit village dans le sud-est de la France. Il y a une rivière et un vieux pont. On peut visiter le parc. C'est idéal pour les vacances! Pour trouver encore des informations, écrivez à l'office de tourisme à Beauvert.

On peut manger dans les bons restaurants de Beauvert. Et après on peut jouer au golf. Il y a aussi un complexe sportif où vous pouvez nager. C'est idéal pour amuser les enfants.

Pour faire les courses, allez à la rue Voltaire! Vous pouvez acheter des souvenirs et des sandwichs. Il y a aussi un marché le samedi. Le soir, on peut aller au théâtre.

Beauvert est à 35 kilomètres de la mer. Ici on peut faire de la voile. On peut aller à la pêche. Beauvert est à 20 kilomètres d'un aéroport – vous pouvez arriver en avion. Il y a aussi une gare.

*Prépare une brochure sur ta ville ou ton village.*

Unité 9 Section 1

Boîte à outils

aller = to go
je vais          nous allons
tu vas           vous allez
il/elle va       ils/elles von

# Les résolutions pour la nouvelle année

## 1  Des mots croisés

Où est-ce que tu ...?

À Limoges.

1.

2. ...va à la charcuterie pour acheter une quiche.

5. Où est-ce que vous ...?

6&7 ... au magasin de vêtements.

8. Est-ce que ... vas à la poste?

9. ▶ Où est-ce que ... allez?

9. ▼ Je ... à la bibliothèque.

3. ... vais à Paris.

4. Nous ... à Bordeaux.

10. PARIS LYON
Le train ... à Lyon.

11. ... allons à Orléans.

## 4  C'est quelle image?

**i)**  *Fais correspondre les images avec les phrases.*

a)   b)   c)   d)   e)   f)   g)   h)

**1.** *On va ouvrir le fichier.*

**2.** *Elles vont descendre au deuxième étage.*

**3.** *Où est-ce que vous allez dessiner?*

**4.** *L'avion va arriver à l'aéroport.*

**5.** *Ils ne vont pas prendre le petit déjeuner.*

| a | b | c | d | e | f | g | h |
|---|---|---|---|---|---|---|---|
|   |   |   |   |   |   |   |   |

**ii)**  *Remplis les blancs, puis fais correspondre les images avec les phrases.*

**6.** *L'avion va q_____ l'aéroport.*

**7.** *On va f_____ le fichier.*

**8.** *Elles vont m_____ au deuxième étage.*

## 6 Maintenant ou bientôt?

(= Now or soon?)

### i) *Choisis et copie la bonne phrase à côté de chaque image.*

a)

b)

c)

d)

e)

f)

g)

h)

 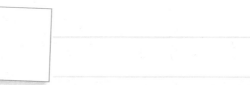

Il regarde un film au cinéma. Ils vont écouter la radio. Il travaille dans une usine. Ils écoutent la radio. Elles font de la gymnastique. Il va travailler dans une usine. Elles vont faire de la gymnastique. Il va regarder un film au cinéma.

### ii) *Dessine et décris.*

## 9 Les résolutions de ma famille

Cette année, je vais ...

# Des idées pour un séjour

## 6 Un séjour en France

*Voici des idées pour un séjour en France.*

*Organise une visite.*

### Comment?

### Combien de temps?

un long week-end

une semaine | dix jours

quinze jours

### Quand?

à Pâques

au printemps

pendant les grandes vacances

en août

### Avec qui?

parents | seul(e)

copains | classe

### Quel logement?

FUAJ

### Quelles activités

**Une version simple:**

Add a time phrase, e.g.
**Cette année, je… .**
Try to include an
adjective, e.g.
**un séjour fantastique.**

Try to include a present
tense as well as the future,
e.g. **Normalement, il fait
beau là-bas en été.**

Add a reason, e.g.
**parce que je ne peux
pas voyager seul.**

Don't always use **je**, e.g.
**nous allons … .**
Use a dictionary to find
one or two new words,

Use little words like
**mais, aussi, et** and
**peut-être** = perhaps, e.g.
**Je vais peut-être
rester…**

*Je vais faire un séjour à Boulogne.*
*Je vais aller à Boulogne en juillet.*
*Je vais aller avec ma famille.*
*Nous allons          une auberge de jeunesse*
*Je vais rester dans un appartement.*
*Je vais rester dix jours en France.*
*Je vais aller en bateau.*
*Je vais visiter la ville.*

**youth hostel**  n auberge f de jeunesse

Add an opinion, e.g.
**J'adore faire ça!**
or even a future opinion, e.g.
**Ça va être formidable!**

Don't forget negatives, e.g.
**Je ne vais pas visiter
la ville.**
Add **si** + weather phrase,
e.g. **s'il pleut.**

## Mon séjour

_____

_____

_____

_____

_____

_____

_____

_____

_____

# Des séjours à thème

## 2   Des activités en montagne

*Écris des phrases.*

a)

b)

c)

d)

e)

f)

g)

h)

du ski alpin    son courrier    du VTT    les courses    de la natation    une balade en montagne

## 4   Tu prépares un voyage.

**Qu'est-ce que tu vas faire?**

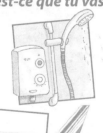

**Qu'est-ce que tu ne vas pas faire?**

Je vais/Je ne vais pas

# 6 Un long week-end à la campagne (= A long weekend in the country)

**a)** *Écoute! Une activité? Note l'activité.*

*Deux ou trois possibilités? Choisis et note* **une** *activité.*

| | matin | après-midi | après le goûter | soir |
|---|---|---|---|---|
| vendredi | arrivée | | | |
| samedi | | | | |
| dimanche | | | départ | |

**b)** *Écris les phrases en entier.*

1. Nous allons tous faire une balade près de la rivière.

2. Ce soir après le dîner nous allons chanter.

3. Samedi matin, vous allez visitez le musée de la poterie.

4. Après le goûter, nous allons tous faire du patinage en ville.

5. L'après-midi, nous allons faire du bateau sur la rivière.

**c)** *Écris deux autres activités en entier.*

# 8 Tout/toute/tous/toutes

*Ajoute tout/toute/tous/toutes dans chaque phrase.*

## Boîte à outils

!

<u>tout</u> le temps = all the time
<u>toute</u> la journée = all day
<u>tous</u> les jours = every day
<u>toutes</u> les activités = all the activities

EXEMPLE toutes
**a)** J'aime ⌄ les activités au complexe sportif.

**b)** Je suis très sportif. J'aime ⌄ les sports.

**c)** Ce soir, je vais écrire ⌄ mes lettres.

**d)** Nous allons adorer ⌄ notre séjour en France.

**e)** ⌄ la ville est très jolie.

**f)** Dans mon village, après sept heures, ⌄ les magasins sont fermés.

**g)** Nous allons passer ⌄ la semaine à Paris.

activité (f)

séjour (m)  sport (m)

ville (f)

lettre (f)

magasin (m)

semaine (f)

# Des prédictions

## 3   Quel est leur métier? (=What is their job?)

a)
Il est pilote  EXEMPLE _____

b)
_____

c)
_____

d) _____

e) _____

f) _____

g)
_____

## 5   Des annonces

*Complète les annonces.*

lundis   entre

garage

chimie

jeune

secrétaire

usine

**a) Mécanicien,** 18 ans, cherche emploi dans un

_____ ou une station-service. Je peux commencer immédiatement.
Tél: 04.65.62.11.34

**b) Étudiante en sciences** à l'université de Pau donne des cours de _____,
physique, biologie ou maths.
Tél: 05.56.82.01.47

**c) Femme cherche** à faire les tâches ménagères les

_____ et mardis.
Tél: 02.91.09.67.21

**d) Infirmière avec expérience** dans une maison de retraite et une _____ cherche poste.
Tél: 03.34.45.71.98 pour laisser un message.

**e)** _____ **homme,** 16 ans, cherche emploi comme apprenti cuisinier dans la région de Montpellier. Tél:
05.54.71.96.45

**f) Jeune femme** sérieuse cherche une place de vendeuse ou accepte toute offre.
Tél: 03.76.98.03.86

_____ 12h et 14h.

**g)** _____ **qualifiée** possédant ordinateur cherche travail à domicile. Tél:
06.54.73.12.07

## 7 Écris des prédictions.

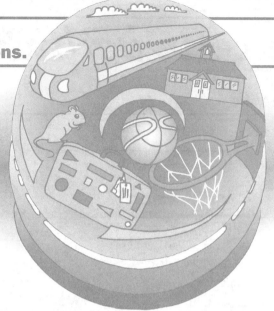

a) _____

b) _____

c) _____

d) _____

e) _____

## 9 Des idées fantaisistes (= Some wild ideas)

*Fais des prédictions.*

EXEMPLE

Brad Pitt va divorcer Jennifer Aniston et épouser Emma dans la classe 8F.

# J'accepte cette invitation.

## 3  Une balade en ville

*Remplis les blancs avec ce/cet/cette.*

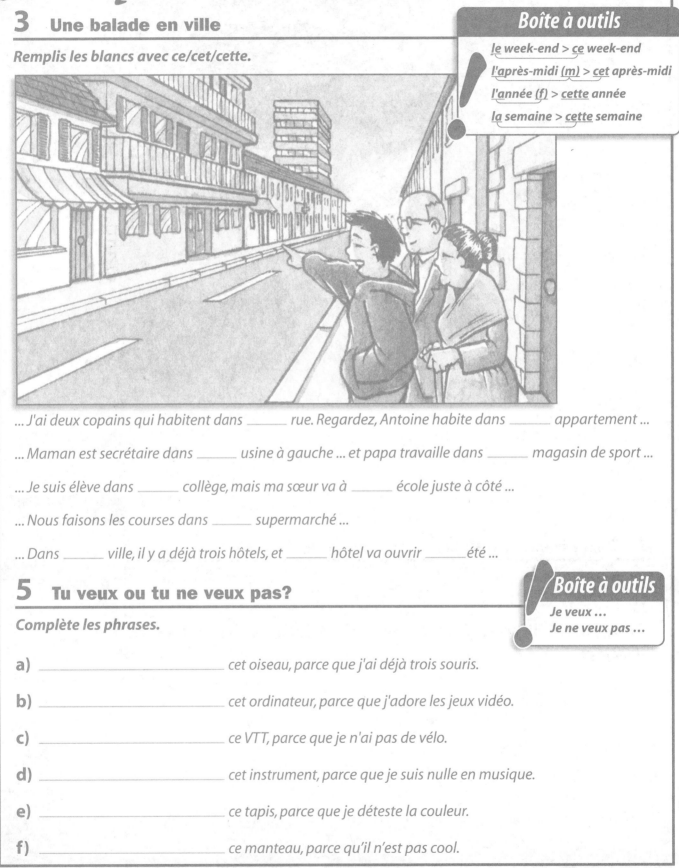

... J'ai deux copains qui habitent dans _____ rue. Regardez, Antoine habite dans _____ appartement ...

... Maman est secrétaire dans _____ usine à gauche ... et papa travaille dans _____ magasin de sport ...

... Je suis élève dans _____ collège, mais ma sœur va à _____ école juste à côté ...

... Nous faisons les courses dans _____ supermarché ...

... Dans _____ ville, il y a déjà trois hôtels, et _____ hôtel va ouvrir _____ été ...

## 5  Tu veux ou tu ne veux pas?

*Complète les phrases.*

**Boîte à outils**

Je veux ...

Je ne veux pas ...

a) _____ cet oiseau, parce que j'ai déjà trois souris.

b) _____ cet ordinateur, parce que j'adore les jeux vidéo.

c) _____ ce VTT, parce que je n'ai pas de vélo.

d) _____ cet instrument, parce que je suis nulle en musique.

e) _____ ce tapis, parce que je déteste la couleur.

f) _____ ce manteau, parce qu'il n'est pas cool.

## 7 Tu veux faire ça?

*Écris des dialogues.*

## 11 Trois réponses différentes

*Invente et complète les dialogues.*

**L'invitation**

**Tu veux sortir ce** _____ ?

**On accepte**

Oui, bonne _____ , je _____ bien.

On se _____ quand?

À _____ heure?

D'_____ . On se rencontre _____ ?

Près de la _____ .

D'accord. À _____ .

**On propose autre chose**

Non, je ne _____ pas!

Qu'est-ce que tu veux _____ alors?

Je veux aller au _____ .

_____ idée! On _____ rencontre quand?

À _____ ?

D'accord. On se _____ où?

Chez _____ ?

D'accord. À _____ .

**On refuse**

Non, _____ , je ne _____ pas.

_____ pas?

Parce que je vais _____ avec _____ .

# Qu'est-ce qu'on veut?

!

Vouloir

| je _____ | nous _____ |
| tu _____ | vous _____ |
| il/elle _____ | ils/elles _____ |

## 3 On veut ...? On va ...? On fait ...?

**i) Coche (✓) la bonne image.**

a)

b)

a)

b)

a)

b)

«Nous allons faire les courses.»

«Je veux sortir avec Rachel.»

Elle prend un taxi pour la gare.

**ii) Décris les images.**

**1.**

| mange |
| va manger |
| veut manger |

Il _____ .

Il _____ .

Il _____ .

**2.**

Il

| veut se coucher |
| va se coucher |
| se couche |

Elle _____ .

Elle _____ .

Elle _____ .

**3.**

| vont regarder |
| regardent |
| veulent regarder |

Ils _____
la télé.

Ils _____
la télé.

Ils _____
la télé.

## 4 Verbes croisés

**Écris le verbe correctement.**

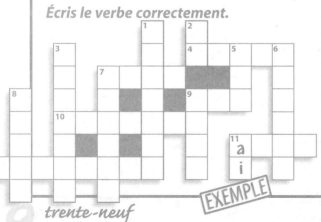
EXEMPLE

1. Elles (pouvoir)
2. Il (aller)
3. Nous (pouvoir)
4. Nous (avoir)
5. Ils (avoir)
6. Nous (être)
7. ▶ Tu (vouloir)
7. ▼ Vous (vouloir)
8. Pour (faire)
9. ▶ Elle (être)
9. ▼ Vous (être)
10. Ils (vouloir)
11. ▶ Vous (avoir)
11. ▼ J' (avoir)
12. Ils (prendre)

| est | pouvons | va |
| avez | faire | peuvent |
| prennent | | voulez |
| | veulent | ont |
| veux | | êtes |
| ai | | avons |
| sommes | | |

!

39

## 6 C'est une lettre officielle ou pas?

*Écris les lettres a–m sous le bon titre.* (= Write the letters a–m under the correct heading.)

| Lettre officielle | Lettre pas officielle | Les deux |
|---|---|---|
| | | |

a) Cher Franck,

b) Je vais arriver le 7 mars.

c) Je vous prie, Madame/Monsieur, d'agréer l'expression de mes sentiments les meilleurs.

d) À bientôt

e) Par avance, je vous remercie.

f) Réponds à mes questions, s'il te plaît.

g) Madame, en réponse à votre lettre...

h) Pouvez-vous envoyer une liste de ...

i) Merci pour ta lettre ...

j) Amitiés.

k) Toulouse, le 17 février

l) Nous voulons visiter la Tour Eiffel.

m) Est-ce que tu peux envoyer...

## 8 Une lettre à un office de tourisme

*Lis les détails et écris une lettre.*

Tu veux visiter la Touraine en France.

Décide avec qui.

Décide quand, et quand vous allez arriver.

Demande une carte de la région.

Décide où vous allez rester.

Vous aimez la pêche.

# Productif!

## 4 Copie correctement.

*Nadège est représentante pour la compagnie 'Vacances France'.*
*Lis ses notes de présentation pour ses clients.*

**L'hôtel**
Il y a une grande salle de bain dans votre chambre.
Le petit déjeuner est servi entre huit heures et dix heures.
La piscine est derrière l'hôtel, à côté du parking.

**La région**
Dans le centre-ville, nous avons un marché tous les samedis.
On peut acheter des souvenirs dans les petits magasins.
Vous pouvez visiter le musée de la poterie.
Les touristes adorent les spectacles dans le parc.

**Des excursions**
Demain, nous allons prendre le car pour visiter la côte.
Vendredi soir, après le dîner, on va en discothèque.
Si vous n'aimez pas ça, faites une balade près du lac!

*Tu es guide pour la compagnie 'Vacances France'. Prépare une présentation pour les clients.*

# La nourriture

## 4 Des mots croisés

*Complète les mots croisés.*

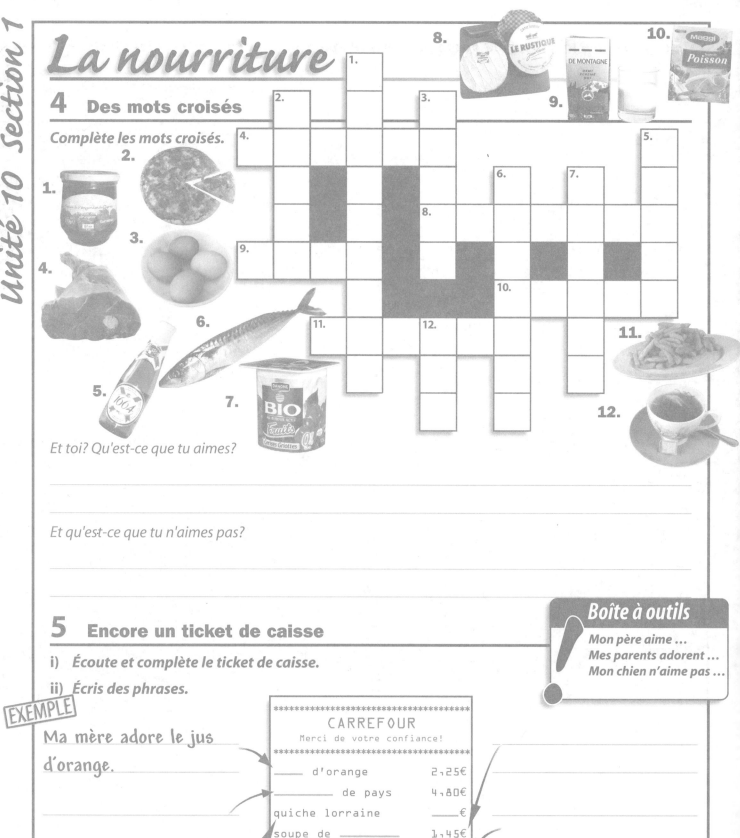

*Et toi? Qu'est-ce que tu aimes?*

_____

_____

*Et qu'est-ce que tu n'aimes pas?*

_____

_____

## 5 Encore un ticket de caisse

i) *Écoute et complète le ticket de caisse.*

ii) *Écris des phrases.*

**Boîte à outils**

Mon père aime …
Mes parents adorent …
Mon chien n'aime pas …

**EXEMPLE**

Ma mère adore le jus
d'orange.

```
*********************************
       CARREFOUR
   Merci de votre confiance!
*********************************
_____ d'orange        2,25€
_____ de pays       4,80€
quiche lorraine       ____€
soupe de _____     1,45€
limonade              ____€
vin _____           5,90€
```

## 8 De la nourriture

*Remplis les blancs.*

J'aime _____ coca, alors je bois _____ coca tous les jours. Mon père

adore _____ pizza et il achète _____ pizza dans une charcuterie

près de chez nous. Nous achetons _____ yaourt souvent, parce que

_____ yaourt ne coûte pas cher, et c'est mon dessert préféré.

_____ eau minérale est bonne pour la santé, alors mes parents

achètent _____ eau en grandes quantités. J'adore _____ omelettes.

Je prépare ça avec _____ œufs, _____ huile et _____ fromage.

## 11 La nourriture en Grande-Bretagne

*Un sondage dans ta classe*

**EXEMPLE** *Est-ce que tu manges du yaourt deux ou trois fois par semaine?*

| | 1 | 2 | 3 | 4 | 5 | 6 | 7 | 8 | 9 | 10 | 11 | 12 | 13 | 14 | 15 | 16 | 17 | 18 | 19 | 20 | 21 | 22 | 23 | 24 | 25 | 26 | 27 | 28 | 29 | 30 | 31 | 32 |
|---|---|---|---|---|---|---|---|---|---|---|---|---|---|---|---|---|---|---|---|---|---|---|---|---|---|---|---|---|---|---|---|---|
| | | | | | | | | | | | | | | | | | | | | | | | | | | | | | | | | |
| | | | | | | | | | | | | | | | | | | | | | | | | | | | | | | | | |
| | | | | | | | | | | | | | | | | | | | | | | | | | | | | | | | | |

# Au restaurant

## 2 Une conversation au téléphone

**Complète la conversation.**

- Allô, Restaurant du Château. Je peux vous aider?

_____

- Oui, c'est pour combien de personnes?

_____

- Et à quelle heure voulez-vous manger?

_____

- Vous préférez une table à l'intérieur ou sur la terrasse, monsieur?

_____

- Très bien, monsieur. C'est à quel nom?

_____

- Bon, alors je répète, une table pour trois à midi et demi, près de la fenêtre, au nom de Campion. C'est ça?

_____

- Merci monsieur, à bientôt.

## 5 Et toi?

**Lis le menu et écris ton choix.**

Restaurant du Château

Menu à 20 euros

Œuf dur mayonnaise
*ou*
Soupe de poisson
*ou*
Salade verte

Poulet rôti pommes frites
*ou*
Omelette au jambon ou au fromage
*ou*
Steak-frites

Assiette de fromage
*ou*
Yaourt
*ou*
Gâteau maison

## 7 Ne ... pas, ne ... plus

*Écris des phrases sur la nourriture.*

EXEMPLES

Le matin, je bois du lait, mais je ne bois pas de café.

Ma mère mange des légumes verts, mais elle ne mange plus de frites.

À la boulangerie, on peut acheter du pain, mais on ne peut pas acheter de

viande.

## 10 Où on peut manger en Grande-Bretagne.

# Vive la différence!

## 2 Interview sur les repas

| Repas principal? | le petit déjeuner | | le déjeuner | | le dîner | |
| --- | --- | --- | --- | --- | --- | --- |
| Tu prépares le repas? | jamais | rarement | | souvent | | toujours |
| Vous mangez où? | salle à manger | salle de séjour | | cuisine | | autre |
| Combien de temps? | un quart d'heure | | une demi-heure | | une heure | |
| Quelle boisson? | eau | coca, etc. | | vin/bière, etc. | | thé/café, etc. |
| Repas de fête? | Noël | le nouvel an | Pâques | | anniversaire | autre |
| Restaurant? | jamais | rarement | | souvent | | toujours |

## 3 Mon/ma partenaire et moi

*Fais l'interview avec ton/ta partenaire.*
*Compare les repas dans sa famille et dans ta famille.*

**Boîte à outils**

*Le repas principal chez Chloë est le dîner, mais chez moi c'est ...*
*Ma mère/Mon père prépare ...*
*Nous mangeons dans ...*
*Le repas dure ...*
*Je bois ...*

## 5   Les repas en France – vrai ou faux?

*Écris V ou F.*

### Le petit déjeuner

a)   En France, on ne mange jamais de croissants.

b)   Les enfants adorent le chocolat chaud le matin.

c)   Aujourd'hui, les céréales sont populaires pour le petit déjeuner.

### Le déjeuner au collège

d)   La pause-déjeuner commence à une heure et demie.

e)   Les demi-pensionnaires mangent à la cantine à midi.

f)   Les élèves peuvent acheter du coca avec le déjeuner.

### Le goûter

g)   Les enfants prennent leur goûter au collège.

h)   En France, on mange du chocolat avec le pain.

i)   Les jeunes aiment les boissons chaudes en hiver.

### Le dîner

j)   En France, la soupe est un hors d'œuvre typique le soir.

k)   On mange le dessert après le fromage.

l)   On ne boit jamais de vin au dîner.

## 6   Les repas en Grande-Bretagne

*Écris une description.*

**Le petit déjeuner**

_____

_____

**Le déjeuner**

_____

_____

**Après le collège**

_____

_____

**Boîte à outils**

| | |
|---|---|
| je mange | je bois |
| tu manges | tu bois |
| il/elle mange | il/elle boit |
| nous mangeons | nous buvons |
| vous mangez | vous buvez |
| ils/elles mangent | ils/elles boivent |

# Les quantités

## 5 Cherche l'intrus.

i) *Cherche l'intrus.*

ii) *Écris une expression correcte.*

iii) *Trouve une autre possibilité.*

EXEMPLE

*un pot de yaourt/confiture/bière/crème*

i) bière ii) une bouteille de bière iii) un pot de moutarde

**a)** *un kilo de haricots verts/carottes/viande/lait*

i) ______ ii) ______ iii) ______

**b)** *un paquet de vin/café/biscuits/céréales*

i) ______ ii) ______ iii) ______

**c)** *un demi-litre de cidre/gâteau/vinaigre/jus d'orange*

i) ______ ii) ______ iii) ______

**d)** *une boîte de sardines/petits pois/tomates/beurre*

i) ______ ii) ______ iii) ______

## 6 Je vais préparer une surprise-partie.

*Fais une liste d'achats.*

EXEMPLE

Liste d'achats

10 tranches de jambon

______

______

______

______

______

______

______

______

______

______

**Boîte à outils**

*des cacahuètes*

*des chips*

*des biscuits*

*du cidre*

*une tablette de chocolat*

## 8 Préparons une omelette aux champignons.

*Copie la bonne instruction sous chaque image.*

1.  2.  3.  4.

_____

_____

5.  6.  7.  8.  9.

_____

_____

_____

Mets encore du beurre et verse les œufs dans la poêle.     Coupe les champignons en tranches.

Mets du beurre dans la poêle sur le feu.     On met les champignons dans un bol.

Mélange les œufs, le sel et le poivre dans un bol.     Lave les champignons.

Ajoute les champignons et fais cuire pendant cinq minutes.

Quand il n'y a plus de liquide, l'omelette est prête.     Après une minute, ajoute les champignons.

## 9 Des crêpes

une crêpe au sucre 1,50 euros

une crêpe à la confiture 1,80 euros

une crêpe au citron pressé 1,90 euros

une crêpe au chocolat 2,00 euros

une crêpe à la banane 2,10 euros

une crêpe aux pommes 2,20 euros

une crêpe à l'ananas 2,30 euros

**Complète les dialogues:**

i) *Je voudrais une* _____

*Oui, ça coûte deux euros vingt, Madame.*

ii) *Une crêpe au citron pressé, ça fait combien,*

*Monsieur?*

*Ça fait* _____.

iii) _____

_____

_____

# Aujourd'hui ou hier?

## 1 Révision du verbe avoir

**Remplis les blancs et réponds aux questions.**

**EXEMPLE** Quel âge __as__ -tu?

J'_____

Tu _____ des frères ou des sœurs?

_____

Décris les yeux et les cheveux de ton copain/ta copine.

Il/elle _____

Vous avez un animal à la maison?

Nous _____

Tes copains au collège ont quel âge?

Ils _____

**Invente une autre question et la réponse.**

_____

_____

## 5 Au présent ou au passé?

**Boîte à outils**

*Je joue = I play/am playing (present tense)*
*J'ai joué = I played/have played (perfect tense)*

**Copie la bonne phrase à côté des images.**

a)  Hier,_____

b)  Aujourd'hui,_____

c)  Hier,_____

d)  Maintenant,_____

e)  Hier,_____

f)  Aujourd'hui,_____

j'ai lancé des boules de neige          vous avez envoyé la lettre?          il neige

tu traverses la Manche en bateau     je lance des boules de neige          il aide sa mère

tu as traversé la Manche en bateau    il a neigé          il a aidé sa mère

vous envoyez la lettre?     elles ont réparé le vélo     elles réparent le vélo

## 7  Invente un cauchemar.

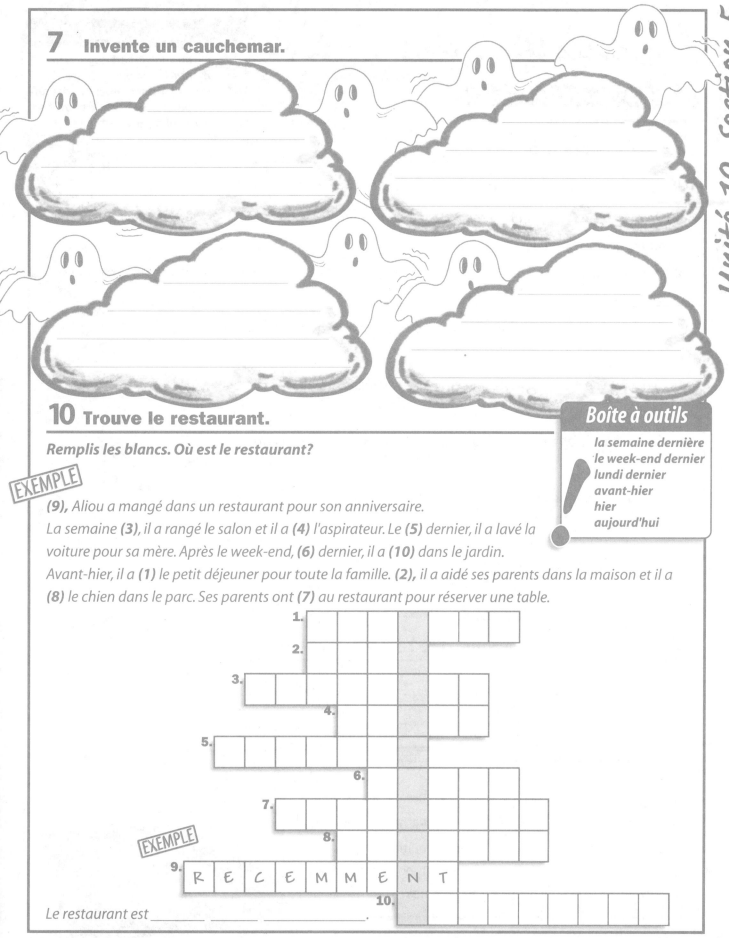

## 10  Trouve le restaurant.

**Remplis les blancs. Où est le restaurant?**

EXEMPLE

*(9),* Aliou a mangé dans un restaurant pour son anniversaire.

*La semaine (3), il a rangé le salon et il a (4) l'aspirateur. Le (5) dernier, il a lavé la voiture pour sa mère. Après le week-end, (6) dernier, il a (10) dans le jardin.*

*Avant-hier, il a (1) le petit déjeuner pour toute la famille. (2), il a aidé ses parents dans la maison et il a (8) le chien dans le parc. Ses parents ont (7) au restaurant pour réserver une table.*

### Boîte à outils

la semaine dernière
le week-end dernier
lundi dernier
avant-hier
hier
aujourd'hui

EXEMPLE

9. R E C E M M E N T

*Le restaurant est _____ _____ _____.*

# La cuisine: des dates intéressantes

## 2 C'est quel produit?

*Quel produit est décrit? Choisis dans la Boîte à outils et écris le nom correct.*

**a)** *On met ça sur le pain, par exemple, quand on prépare des sandwichs. On peut aussi préchauffer ça dans une poêle pour préparer une omelette.* _____ .

**b)** *Presque cinq cents ans plus tard, on mange toujours ça, et c'est toujours délicieux! Mais attention si tu préfères rester mince!* _____

**c)** *Pour préparer un hors d'œuvre très vite, on peut ouvrir ce sachet et ajouter de l'eau.*

_____

**d)** *Beaucoup de Français prennent cette boisson chaude au petit déjeuner.*

_____

**e)** *C'est une boisson très bonne pour la santé parce que c'est pur et naturel.*

_____

**f)** *En France, on mange ça avec du pain après le plat principal mais avant le dessert.*

_____

## 3 Qu'est-ce que ça veut dire? (= What does that mean?)

*Remplis les blancs en anglais.*

**1720**

Tu veux faire des meringues délicieuses comme les meringues inventées **originellement** par le **cuisinier** suisse Gasparini en 1720? C'est facile – voici la recette:

- **Bats** en neige ferme six blancs d'œufs.
- Ajoute 250 grammes de sucre en poudre et un zeste de **citron**.
- Fais des petites boules sur une **plaque** beurrée.
- Tu peux ajouter encore un peu de sucre en poudre si tu veux.
- Fais cuire à 120 degrés pendant 60 minutes.

originellement = _____

cuisinier = _____

bats = _____

citron = _____

plaque = _____

## 4 Qu'est-ce qu'on va noter, et comment?

Les Français ont **goûté** …
Tu veux faire des meringues **délicieuses** …
Fais des petites boules sur une **plaque** …
Marie Harel, une **fermière** de la Normandie …
Marie Harel a **adapté** une …
une recette **traditionnelle** de …
une boîte **ronde** pour …
… la margarine **seulement** en 1912
on **mélange** la poudre …
… et un zeste de **citron**.

## 5 Comment apprendre?

Write out the first letter only of each new word, e.g. f_____ = to make. Come back to your own test an hour later and see if you can fill in the blanks. To make it easier, write out the first two or three letters, e.g. fab_____ = to make.

Think of English words that help you to remember, e.g. a lemon is a citrus fruit.

Make an anagram out of the word, e.g. une rusceo = a spring. Come back to your own quiz an hour later and see if you can solve it.

Type in alternate letters on your computer, e.g. **p_r_o_t** = everywhere. Either save it as a file or print it out, and come back to your own test an hour later and see if you can fill in the blanks.

**fabriquer** = to make
**un citron** = a lemon
**partout** = everywhere
**une source** = a spring
**remplacer** = to replace

Cover up half the word with a piece of paper and see if you can still say what it is, e.g *remplacer*

Have you thought of any other ways of learning new words?

Write an example here:_____

_____

_____

# Productif!

## 3 Une excursion à vélo

**Quel temps?**
**Où?     Quand?**
**Avec qui?**
**     Opinion?**
**Tu prends quoi?**
**Quelle activité?**

Aujourd'hui, il fait beau. Alors cet après-midi je vais à la plage. Je vais avec mes copains à vélo. Nous aimons ça! Je prends des sandwichs et mes copains achètent du coca et des chips. À la plage, nous aimons jouer au volley.

*Décris une excursion.*

_____

_____

_____

## 4 On compare.

*Hier, qu'est-ce que tu as mangé?*
*Et ton/ta partenaire?*

Qu'est-ce que tu as mangé au petit déjeuner?

au déjeuner?

au dîner?

Hier, j'ai mangé des céréales avec du thé.

de la soupe, et après j'ai …

des frites avec du cidre …

Hier, Darren a mangé des céréales avec du thé au petit déjeuner, mais moi, j'ai mangé …

Puis, au déjeuner, il a mangé …

_____

_____

_____

_____

_____

_____

_____

## 5 Ma famille à table

EXEMPLE

Et ta famille?

Ma famille mange beaucoup de légumes.
J'aime les carottes.

Mon père ne mange pas de viande, mais ma
mère adore la viande et le poisson.

Nous mangeons du fromage quelquefois –
j'adore le cheddar.

J'aime faire des gâteaux à la maison. Hier,
j'ai mangé trop de chocolat!

Normalement, je bois de la limonade au
dîner. Mes parents boivent souvent
de la bière.

## 6 L'Ami Crousti'Pain

*Regarde la page 88 dans ton livre Actif!*

*Imagine une visite ici. Qu'est-ce que tu as acheté? Et tes copains?*

**Boîte à outils**

*J'ai commandé …/acheté …*
*Ma copine a mangé …*
*Nous avons payé …*

# Les vêtements

## 2   Qu'est-ce qu'ils portent?

*Choisis deux personnes.*

   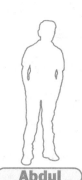

Gemma          Ian          Léna          Abdul

_____

_____

_____

_____

## 4   L'uniforme scolaire

*Qu'est-ce que tu portes au collège? Quelle est ton opinion?*

_____

_____

_____

_____

*Voici mon uniforme idéal:*

_____

_____

_____

_____

_____

_____

## 10 Un look cool

*Dessine ou colle des images de vêtements pour une surprise-partie.*
*Décris ce look cool!*

Pour ma surprise-partie je vais mettre ...

**Dessine ou colle ici.**

## 12 Des erreurs

*Trouve et corrige la lettre fausse dans chaque phrase.*

EXEMPLE    u

Ce poll est chouette.

a) J'ai porté un manleau ce matin.

b) J'aime cette rope verte.

c) Ce tee-shirt est en caton.

d) Mes baskets ont coûpé 35 euros.

e) On porte un uneforme à mon collège.

# On achète sur Internet

## 2 Écoute bien!

*Écoute encore la conversation. Souligne les mots corrects.*

- Qu'est-ce que tu cherches?
- *Je voudrais **chercher/acheter** un tee-shirt.*
- Quelle couleur **prends/préfères**-tu?
- *Bof, ça m'est égal. Rouge, peut-être, et en coton. Le coton, c'est confortable. Voilà, je tape* www.3suisses.fr
- Regarde le mot 'article'. Alors, tu **tapes/regardes** 'tee-shirt', et tu cliques sur 'ok'.
- *Maintenant je choisis la mode **femme/homme**. Oh, c'est lent aujourd'hui. Ah, voilà. Bon, regarde tous ces tee-shirts.*
- Hmmm, tu aimes quels tee-shirts?
- *Ces tee-shirts à **gauche/droite** sont chic.*
- D'accord. Alors, clique sur l'image. Il y a quatre couleurs différentes, le **bleu/blanc**, le rouge, le gris et le kaki.
- *Je vais cliquer sur zoom pour regarder une grande photo de ces tee-shirts.*
- Quelles couleurs est-ce que tu vas acheter?
- *Je **vais/veux** choisir ces deux tee-shirts, le bleu et le rouge.*
- Tu prends quelle taille?
- *Je suis assez **gros/grand**, alors je clique sur les tee-shirts pour 14 ans.*
- Ça coûte combien?
- *Les deux coûtent **25/35** euros. Ce n'est pas cher. Qu'est-ce que je fais maintenant?*
- Tu cliques sur 'ajoutez à votre sélection'…

## 5 On cherche des détails

*Complète la question pour avoir d'autres détails.*

### Boîte à outils

**Which?**

| | m | f |
|---|---|---|
| | quel | quelle |
| (pl) | quels | quelles |

**Tu as des animaux à la maison?**  **Oui.**  **Quels animaux?**

**EXEMPLE**

- **a)** *Tu fais du sport?* — Oui. _____ sport?
- **b)** *Tu prends le bus pour aller au collège?* — Oui. À _____ heure?
- **c)** *Tu as visité des pays européens?* — Oui. _____ pays?
- **d)** *Tu aimes l'école?* — Bof, ça va. _____ sont tes matières préférées?
- **e)** *Tu manges au restaurant quelquefois?* — Oui. À _____ restaurant?
- **f)** *Il y a des magasins dans ton village?* — Oui. _____ magasins exactement?

## 7   Des opinions sur la mode

*Lis ces opinions. C'est une opinion positive* 🙂 *, négative* ☹️ *, ou entre les deux* 😐 *?*

EXEMPLE

**a)** Ce n'est pas le look du moment. ☹️

**b)** Cette chemise n'est pas à la mode. ☐

**c)** Je voudrais une robe comme ça. ☐

**d)** C'est assez beau, mais ce style ne m'intéresse pas beaucoup. ☐

**e)** C'est trop cher. ☐

**f)** Ces vêtements sont affreux. ☐

**g)** Ces jupes en jean sont très populaires. ☐

**h)** C'est une copie de la mode de l'année dernière. ☐

**i)** Bon, ce style, ça va; ce n'est pas très original, mais c'est pratique. ☐

**j)** C'est une jolie robe jaune. ☐

**k)** Ces chaussures sont moches. ☐

**l)** Regardez cette casquette amusante mais pas très confortable. ☐

## 9   Mon choix

*Décris ta photo préférée.*

Ma photo préférée, c'est la photo _____

_____

_____

_____

_____

_____

_____

_____

# Ton look

## 2 Ton quiz

*Invente des situations qui correspondent aux résultats.*
**La nourriture**    EXEMPLE

**a)** Après un grand repas, tu manges des chips.

**b)** Tu ne prends pas de petit déjeuner.

**c)** Tu manges cinq portions de fruits et de légumes tous les jours.

**Résultats**

**a)** *Tu manges trop.*

**b)** *Tu ne manges pas assez.*

**c)** *Tu as le secret de la bonne santé et de la longue vie.*

**Le collège**

**a)** _____

**b)** _____

**c)** _____

**Résultats**

**a)** *Tu aimes le collège.*

**b)** *Bof, le collège, ça va.*

**c)** *Tu détestes le collège.*

**Les passe-temps**

**a)** _____

**b)** _____

**c)** _____

**Résultats**

**a)** *Tu n'es pas actif/active.*

**b)** *Tu sors trop.*

**c)** *Tu es très sportif/sportive.*

**Les vacances**

**a)** _____

**b)** _____

**c)** _____

**Résultats**

**a)** *Tu préfères les vacances d'hiver.*

**b)** *Tu adores faire du tourisme.*

**c)** *Tu détestes les vacances actives.*

## 4  Attention au pluriel!

### i) Remplis les blancs correctement.

**a)**
3€

_____ à vendre, 3 euros.

**b)**
Visitez les _____ de la Loire.

**c)**
_____ à vendre.

**d)**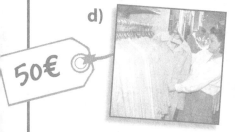
50€

_____ d'hiver, 50 euros.

**e)**
_____ et magazines.

**f)**
Douvres–Calais: trente-cinq _____ par jour en été.

| rideau | gâteau | drapeau | manteau | oiseau | panneau |
| château | bateau | animal | cheval | journal |

### ii) Complète les mots.

EXEMPLE

Regarde les b**eaux** ch**âteaux.**

**g)**
Voici des d_____ n_____. Il y a le drapeau de la France, de la Grande-Bretagne et de l'Espagne.

**h)**
Regardez les n_____ r_____ dans le salon.

**i)**
Tout le monde adore ces b_____ voitures g_____.

| nouveau | génial | beau | original | idéal | national |

**Boîte à outils**

**Nouns**
| Singular | Plural |
| animal | animaux |
| drapeau | drapeaux |

**Adjectives**
| Masc. singular | Fem. singular | Masc. plural | Fem. plural |
| original | originale | originaux | originales |
| beau | belle | beaux | belles |

# Les descriptions et les arguments

## 2 Ils sont comment?

i) *Souligne la bonne description.*     ii) *Complète la description.*

**a)** Cet homme a les cheveux **longs/courts/frisés** et il a **des lunettes/un parapluie/une boucle d'oreille**. Il porte _____

_____ .

**b)** Cette femme porte une jupe **courte/rayée/noire** et une chemise **à manches courtes/à manches longues/sans manche**s. Elle a _____

_____ .

**c)** Ce garçon porte **des lunettes/une casquette/des lunettes de soleil** et _____

_____

_____ .

## 4 Mon auto-portrait (= My self-portrait)

*Décris-toi. Tu es comment?*

Colle une photo ici.

_____

_____

_____

_____

_____

_____

_____

## 7    Acheter sur Internet – pour ou contre?

*Lis les huit arguments. Écris <u>pour</u> ou <u>contre</u> dans les cases.*

**a)**
Acheter sur Internet est très pratique si on n'habite pas près d'une ville, parce que l'autobus et le train coûtent cher pour aller en ville. Quand j'utilise mon modem et mon ordinateur, ça coûte très peu, et je peux rester à la maison.

**b)**
Si on veut changer un article, on peut retourner au magasin et il n'y a pas de problème. Pour changer un article acheté sur Internet, c'est très compliqué.

**c)**
Je suis handicapé et il est difficile de faire les magasins en ville. Acheter sur Internet est plus pratique et plus simple.

**d)**
Si on habite une grande ville, il y a beaucoup de bons magasins où on a un grand choix de vêtements. Donc, acheter sur Internet, je pense que c'est inutile.

**e)**
À mon avis, ce n'est pas très intéressant parce que je ne peux pas regarder et toucher les articles.

**f)**
Je préfère les soldes dans les magasins quand on peut trouver des offres spéciales – acheter sur catalogue ou sur Internet, c'est ennuyeux!

**h)**
Mon cousin travaille de longues heures. Une fois par semaine, il fait sa commande sur Internet à son supermarché préféré, et deux heures plus tard ses achats arrivent chez lui.

**g)**
Je trouve que c'est formidable parce que je peux faire mes achats quand je veux, jour et nuit.

# On compare

## 3 Des adjectifs

i) *Trouve les paires.*

 **a) plus cool**

**b) moins intéressant**

**c) plus chaud**

**d) moins ordinaire**

**e) moins lent**

**f) plus fort**

**g) moins beau**

**h) plus rapide**

**i) plus ennuyeux**

**j) moins populaire**

**k) moins démodé**

**l) plus spécial**

**m) plus riche**

**n) moins faible**

**o) plus court**

**p) moins froid**

ii) *Écris des phrases avec les 4 autres expressions.*

EXEMPLE

Un rat est moins beau qu'une souris.

_____

_____

_____

### Boîte à outils

**!**

Axel est **plus** grand **que** Denise.
Axel est **moins** gros **que** Bernard.
Axel est **aussi** mince **qu'**Émile.

## 4 Compare.

i) *Fais des comparaisons.*

 **Les animaux**

ii) *Dessine et fais des comparaisons.*

**Chez moi**

Le lapin est _____ gros _____ la souris.

Le chien est _____ vieux _____ le chat.

L'oiseau est _____ intelligent _____ le cheval.

Le canapé _____ _____ confortable _____ la chaise.

Les cassettes _____ _____ modernes _____ les CD.

Ma mère _____ _____ active _____ moi.

*Carnet Actif! Vert*

## Boîte à outils

| | | | | |
|---|---|---|---|---|
| petite | rapide | moins | chaud | mince |
| courts | cher | dîner | sévère | mer |
| plus | grosses | aussi | rue | usine |
| | | | | sac |

# 7 Les mots croisés

**Horizontalement ▶**

3  Une souris est plus _____ qu'un chat.

4  En été, il fait plus _____ qu'en hiver.

7  Le pantalon est plus _____ que le short.

30€   16€

8  La maison est moins grande que l'_____

9  Dans la _____, c'est plus froid que dans la piscine.

11  Les filles sont plus _____ que le garçon.

13  Un autobus est moins _____ qu'un avion.

**Verticalement ▼**

1  La fille est plus _____ que le garçon.

2  Plus _____ = moins gentil.

3  Bill Gates est _____ riche que mon prof de français!

4  Les cheveux du garçon sont plus _____ que les cheveux de la fille.

5  La femme est _____ grande que l'homme.

6  En France, le petit déjeuner est moins long que le _____.

9  Un vélo est _____ confortable qu'une voiture.

10  Une _____ est moins longue qu'une autoroute.

12  Le _____ blanc est moins grand que le vert.

# 9 Je compare la France et la Grande-Bretagne.

*Compare la France et la Grande-Bretagne.*

EXEMPLE

Les caves sont plus fréquentes en France qu'en Grande-Bretagne.

# Productif!

**Un prof branché** (= A trendy teacher)

### Physique

Mlle. Taillefine est prof de français. Elle est assez grande, mais pas grosse. Elle est très sportive aussi. Elle a les cheveux longs et raides, et elle porte des lunettes. Elle a les yeux bleus. Elle est plus jeune que les autres profs.

### Vêtements

Mlle. Taillefine est plus branchée que beaucoup d'autres profs. Elle porte quelquefois un pantalon chic et quelquefois une jupe courte. Elle est toujours très élégante. Elle ne porte jamais de vêtements démodés.

### Caractère

J'aime bien Mlle. Taillefine. Elle n'est pas trop sévère. Elle est gentille et patiente. Ses cours sont intéressants. Quelquefois elle est drôle. Elle aide tout le monde.

### Je voudrais savoir...

Est-ce qu'elle est mariée?
Est-ce qu'elle va souvent au cinéma?
Qu'est-ce qu'elle aime manger?
Où est-ce qu'elle passe ses vacances?

# Un prof branché

Physique

Vêtements

Caractère

Je voudrais savoir ...

# On prépare un voyage

**Boîte à outils**

Il me faut = I need
Il te faut = You need

## 3   Qu'est-ce qu'il te faut?

*Complète les phrases.*

**a)** *Pour préparer une omelette, il me faut* _____ .

**b)** *Quand il pleut, il te faut* _____ .

**c)** *S'il y a du soleil en été, il* _____ .

**d)** *Pour voyager en France, il* _____ .

**e)** *Quand je vais en discothèque,* _____ .

**f)** *Pour le collège,* _____ .

## 6   Les règles en classe (= The rules in lessons)

**i)**   *Complète les règles.*

**ii)**   *Invente quatre règles. Lis les idées sous le tableau noir.*

**Boîte à outils**

**Il faut** + infinitive,
e.g. **Il faut aider tes copains.**
**Il ne faut pas** + infinitive,
e.g. **Il ne faut pas regarder par la fenêtre.**

**i)**

| Il faut ... | Il ne faut pas ... |
|---|---|
| _____ la main. | _____ du chewing-gum. |
| _____ les profs. | _____ sur les tables. |

**ii)**

_____   _____

_____   _____

**Voici des idées:**

ranger les affaires après le cours

jouer au football        manger en classe        dessiner sur les murs

travailler dur        ranger les affaires après le cours

## 9 Des conseils pour un voyage

*Fais un poster. Donne des conseils importants
à un jeune voyageur.*

### Des conseils pour un voyage

téléphoner

photocopier

utiliser

mettre

monter

acheter

prendre

oublier

## 11 Dessine le plan.

*Lis les instructions dans la lettre et dessine le plan.*

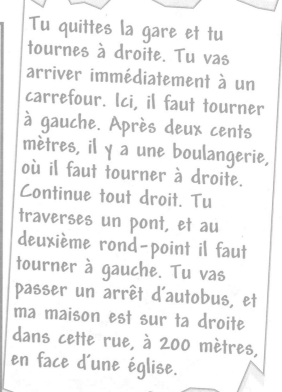

Tu quittes la gare et tu tournes à droite. Tu vas arriver immédiatement à un carrefour. Ici, il faut tourner à gauche. Après deux cents mètres, il y a une boulangerie, où il faut tourner à droite. Continue tout droit. Tu traverses un pont, et au deuxième rond-point il faut tourner à gauche. Tu vas passer un arrêt d'autobus, et ma maison est sur ta droite dans cette rue, à 200 mètres, en face d'une église.

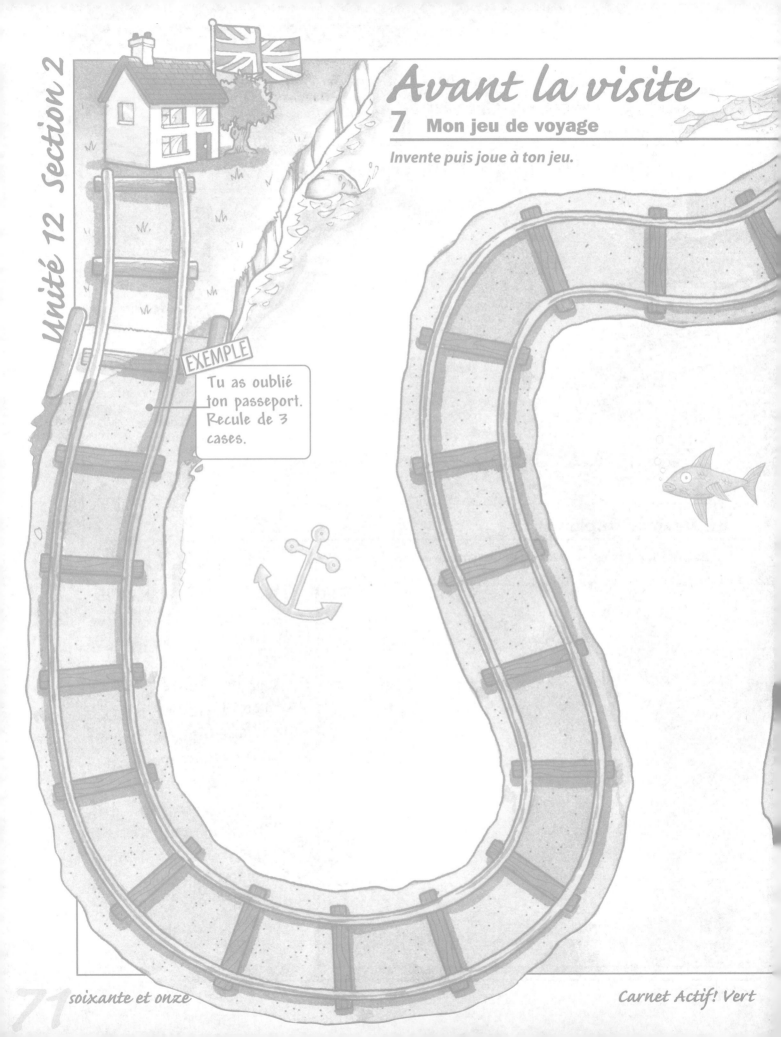

# Avant la visite

## 7  Mon jeu de voyage

*Invente puis joue à ton jeu.*

EXEMPLE

Tu as oublié ton passeport. Recule de 3 cases.

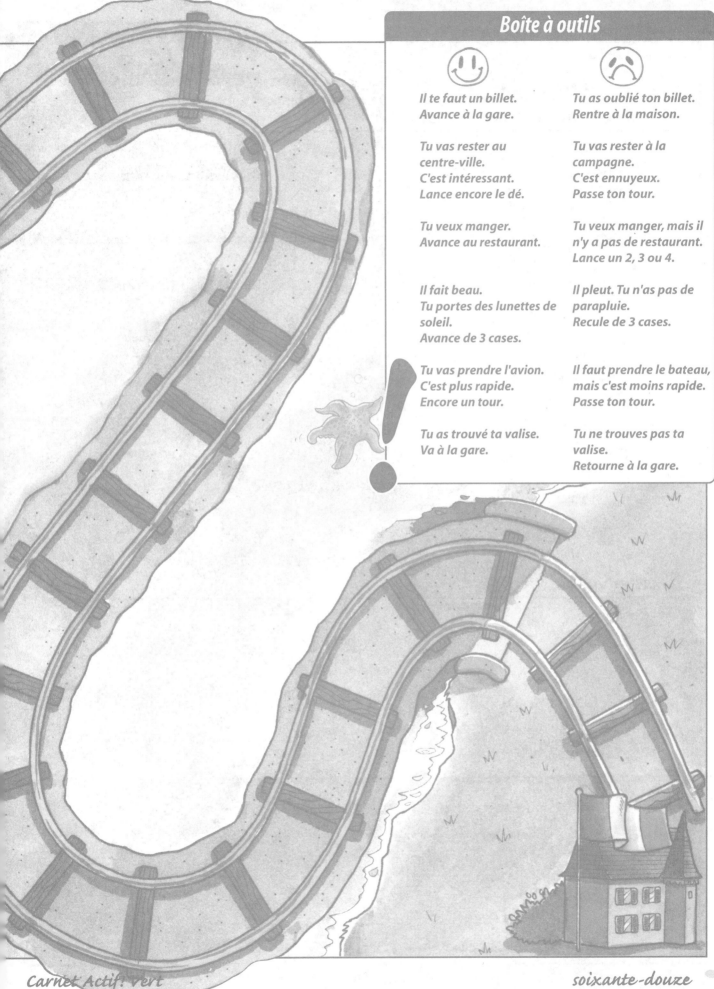

## Boîte à outils

😊

Il te faut un billet.
Avance à la gare.

Tu vas rester au
centre-ville.
C'est intéressant.
Lance encore le dé.

Tu veux manger.
Avance au restaurant.

Il fait beau.
Tu portes des lunettes de
soleil.
Avance de 3 cases.

Tu vas prendre l'avion.
C'est plus rapide.
Encore un tour.

Tu as trouvé ta valise.
Va à la gare.

☹

Tu as oublié ton billet.
Rentre à la maison.

Tu vas rester à la
campagne.
C'est ennuyeux.
Passe ton tour.

Tu veux manger, mais il
n'y a pas de restaurant.
Lance un 2, 3 ou 4.

Il pleut. Tu n'as pas de
parapluie.
Recule de 3 cases.

Il faut prendre le bateau,
mais c'est moins rapide.
Passe ton tour.

Tu ne trouves pas ta
valise.
Retourne à la gare.

# Un invité

## 1 La routine de tous les jours

*Remplis les blancs.*

**a)**

**b)**

**c)**

Il _____ _____ à sept heures du matin tous les jours.

Elle _____ _____ à sept heures et demie tous les matins.

*Dans la salle de bains, je _____ _____, puis je _____ _____ les dents et je _____ _____ les cheveux.*

**d)**

**e)**

Ils_____ _____ très vite tous les jours!

*À quelle heure est-ce que vous _____ _____ le soir?*

## 5 Bienvenue

*Écris des phrases.*

**a)**

**b)**

**c)**

**d)**

**e)**

# 10 On se pose des questions.

**i) Imagine que tu es chez une famille française. Réponds à ces questions.**

Qu'est-ce que tu n'aimes pas manger?

Qu'est-ce que tu préfères boire au petit déjeuner?

Tu as une grande maison?

Comment est ta famille?

Tu as des animaux chez toi?

Qu'est-ce qu'on peut faire dans ta ville?

Quel temps fait-il normalement dans ta région?

Qu'est-ce que tu aimes faire le soir?

Quels sports fais-tu?

**ii) Imagine qu'un jeune Français ou une jeune Française est chez toi. Pose des questions.**

# Le programme pour un séjour

## 2  Le programme de la semaine     i)   Écoute. Note le programme pour la semaine.

lundi   collège  EXEMPLE

mardi

mercredi

jeudi

vendredi

samedi et dimanche

### ii)  Qu'est-ce que Richard et Alexis vont faire?

Lundi, Richard et Alexis vont aller au collège. EXEMPLE

> **Boîte à outils**
> *ils vont + infinitive*

## 4   Des questions sur ton collège

*Réponds aux questions. Il faut utiliser les suggestions dans tes réponses.*

*Où est ton collège? [près de, à côté de, en face de (p.15)]*

*Quelle est ton opinion sur les matières? [ne … plus (p.45), je trouve que, je pense que (p.65)]*

*Compare deux matières. [plus/moins/aussi … que (p.65)]*

*Qu'est-ce que les élèves font à midi? [pouvoir (p.23), il faut (p.69)]*

## 7 En ville

*Réponds aux questions. Utilise les expressions.*

Qu'est-ce qu'il y a dans ta ville?                 (… où on peut …, … où on vend …)

_____

Où est-ce que tu aimes aller en ville?            (… si …, … quand …)

_____

Qu'est-ce que tu aimes acheter dans les magasins de vêtements?  (… en coton, … à manches …)

_____

Qu'est-ce que tu as acheté récemment?           (hier …, la semaine dernière …)

_____

## 9 Mes passe-temps

*Écris des phrases sur tes passe-temps.*

| **Boîte à outils** | | |
|---|---|---|
| Passé | Présent | Futur |
| J'ai chanté | Je chante | Je vais chanter |
| J'ai fait | Je fais | Je vais faire |

Au passé

_____

_____

Au présent

_____

_____

Au futur

_____

_____

# Après la visite

## 2  Qu'est-ce que c'est?

*Lis les définitions. C'est quel objet?*

**a)**  On l'utilise pour dessiner et on le met dans une trousse pour le collège. _____

**b)**  On les attend à un arrêt, et on les prend pour aller au collège. _____

**c)**  On les casse pour faire une omelette. _____

**d)**  Vous la trouvez dans la salle de bains et vous l'utilisez pour vous laver. _____

**e)**  On les trouve dans un jardin, mais quelquefois, on les achète au marché et on les met dans un vase.

_____

**f)**  On le prend pour traverser la Manche. _____ ou peut-être _____

**g)**  On les achète dans un magasin et les enfants les aiment beaucoup. _____

ou peut-être _____

## 4  Et toi?

*Réponds aux questions.*

Tu aimes le sport?

_____

Tu adores la musique pop?

_____

Tu regardes les feuilletons?

_____

À quelle heure est-ce que tu quittes la maison pour aller au collège?

_____

Qui prépare les repas chez toi?

_____

Où est-ce qu'on trouve le téléphone chez toi?

_____

Comment tu trouves la mode aujourd'hui?

_____

> ### Boîte à outils
>
> **!**  **Tu aimes le foot? > Non, je le déteste.**
> **Ton frère regarde la télé? > Oui, il la regarde tous les jours.**
> **Vous écoutez la radio? > Oui, nous l'écoutons dans la voiture.**
> **Tu aimes les films? > Oui, je les adore.**

## 8    Comment est-ce que ça continue?

*Lis puis ajoute une phrase.*

**a)**  *Demain, il va faire beau dans le nord-est et le nord-ouest de la France.*

**b)**  *Il y a beaucoup d'employés dans cette usine, et ils sont bien payés et donc contents.*

**c)**  *Il me faut une table pour quatre personnes sur la terrasse, s'il vous plaît.*

**d)**  *Je préfère me laver les cheveux une fois par jour, quand je me lève.*

**e)**  *Hier, j'ai porté mon pull à col roulé – il est très chic!*

**f)**  *Ah bonjour! Bienvenue chez nous! Donnez-moi votre valise, et faites comme chez vous!*

**g)**  *Mon grand-père va avoir soixante-dix ans le 31 août.*

**h)**  *La récréation dure seulement quinze minutes. Je la trouve trop courte.*

**i)**  *Ça va très bien, merci. Nous avons passé deux semaines en Tunisie – c'était formidable!*

**j)**  *On va faire les courses samedi prochain, n'est-ce pas?*

**k)**  *L'athlétisme et la lecture sont deux choses qui ne m'intéressent pas beaucoup.*

**l)**  *J'ai de nouveaux rideaux dans ma chambre. Je les trouve jolis.*

**m)**  *Pour aller à l'hôpital, il faut continuer tout droit. Il va être sur votre gauche à 500 mètres.*

**n)**  *Samedi dernier, j'ai aidé ma mère dans la maison. J'ai fait la vaisselle et j'ai passé l'aspirateur.*

**o)**  *J'ai les cheveux frisés. J'ai aussi des lunettes et je les porte quand je fais mes devoirs.*

# Productif!

**Mots croisés géants**

## HORIZONTALEMENT

**4** *Vienne est la capitale de l'--- (8)*

**7** *Cette femme porte une --- longue (4)*

**9** *Voici un professeur et des --- (6)*

**10** *---, est, sud, ouest (4)*

**11** *'fifteen' en français (6)*

**12** *Il y a un grand --- à Paris qui s'appelle le Louvre (5)*

**13** *Comment dit-on 'but' en français? (4)*

**15** *Voici une fille: --- s'appelle Elodie (4)*

**16** *Ce sont --- (3,6)*

**17** *Complète le verbe: je suis, tu es, il --- (3)*

**19** *Ils vont voyager -- --- (2,3)*

**20** *Une chemise est souvent en --- (5)*

**22** *Le chien est --- grand que le chat (5)*

**24** *Un moyen de transport à Paris (5)*

**25** *--- est le contraire de 'blanche' (5)*

**26** *Une --- --- vaut environ 1.66 euros (5,8)*

**29** *Comment dit-on 'this afternoon' en français? (3,5-4)*

**32** *Un tee-shirt avec un col s'appelle un --- (4)*

**33** *L'euro est la --- de la France (7)*

**35** *Le garçon -- --- (2,4)*

**36** *Les jeunes n'aiment pas le --- (3)*

**37** *'Idea' – qu'est-ce que c'est en français? (4)*

## VERTICALEMENT

**1** *Réponse: Il pleut; Question: --- --- --- --- (4,5,4-2)*

**2** *Les enfants vont --- la rue (8)*

**3** *Le contraire de 'premier' (7)*

**5** *C'est une --- (9)*

**6** *Au ---, on peut observer la cérémonie du thé (7)*

**8** *Voici des --- (7)*

**13** *Il est --- (7)*

**14** *Quelle heure est-il? (2,3,4)*

**16** *Copenhague est la capitale du --- (8)*

**18** *J'ai un oncle et une --- (5)*

**21** *Sur la table, il y a souvent du sel et du --- (6)*

**22** *Berlin est la capitale de l'--- (9)*

**23** *Complète: nous sommes, vous êtes, ils --- (4)*

**27** *Une boisson gazeuse et sucrée - utilise ces lettres: M,E,D,A,L,I,O,N (8)*

**28** *Mélange la couleur blanche avec la couleur noire pour faire la couleur --- (5)*

**29** *Comment dit-on 'something' en français? quelque --- (5)*

**30** *Quelle est la capitale de l'Italie? (4)*

**31** *Au dîner, ma mère ne --- jamais de vin (4)*

**34** *La Corse est une --- française (3)*

## Unité 7 Section 1

| | |
|---|---|
| un pays | country |
| la Grèce | Greece |
| l'Espagne | Spain |
| la Belgique | Belgium |
| la France | France |
| le Portugal | Portugal |
| le Luxembourg | Luxembourg |
| le Pays de Galles | Wales |
| le Danemark | Denmark |
| les Pays-Bas | Netherlands |
| l'Allemagne | Germany |
| l'Angleterre | England |
| l'Écosse | Scotland |
| l'Autriche | Austria |
| l'Italie | Italy |
| l'Irlande du Nord | Northern Ireland |
| la République d'Irlande | Republic of Ireland |
| la Suisse | Switzerland |
| la capitale | capital (city) |
| Édimbourg | Edinburgh |
| Londres | London |
| Lisbonne | Lisbon |
| Athènes | Athens |
| Vienne | Vienna |
| Bruxelles | Brussels |
| Copenhague | Copenhagen |
| une équipe | team |
| court | short |
| l'Europe | Europe |
| célèbre | well-known |
| un footballeur | footballer |
| fort | strong |
| des lunettes | glasses |
| un fils | son |

## Unité 7 Section 2

| | |
|---|---|
| une langue | language |
| hollandais | Dutch |
| italien | Italian |
| espagnol | Spanish |
| allemand | German |
| portugais | Portuguese |
| grec | Greek |
| gallois | Welsh |
| écossais | Scottish |
| irlandais | Irish |
| américain | American |
| japonais | Japanese |
| autrichien | Austrian |
| belge | Belgian |
| ourdou | Urdu |
| suisse | Swiss |
| l'Europe | Europe |
| un parlement | parliament |
| un bâtiment | building |
| une étoile | star |
| la monnaie | currency |
| la Suède | Sweden |
| un drapeau | flag |
| le Brésil | Brazil |
| le Mexique | Mexico |
| le Canada | Canada |
| une danseuse | dancer |
| l'Union européenne | European Union |

| | |
|---|---|
| un hymne | hymn, anthem |
| représenter | to represent |
| la joie | joy |
| une symphonie | symphony |
| neuvième | ninth |
| le peuple | people |
| un chiffre | figure, sum |
| fêter | to celebrate |
| la paix | peace |
| une guerre | war |
| rouge bordeaux | burgundy |
| remplacer | to replace |
| un monde | world |
| environ | around, about |

## Unité 7 Section 3

| | |
|---|---|
| un département | 'county' in France |
| mille | thousand |
| une année | year |
| une pièce | room, coin |
| un billet | ticket |
| un pont | bridge |
| une carte | card, map |
| coûter | to cost |
| une livre sterling | pound sterling |
| environ | around, about |
| ça vaut | that's worth |
| multiplié | multiplied |
| divisé | divided |
| une révolution | revolution |
| un croissant | croissant |
| la Manche | the English Channel |
| un avion | plane |
| un aéroglisseur | hovercraft |
| la Coupe du Monde | World Cup |
| marcher | to walk |
| la lune | moon |
| la monnaie unique | single currency |
| une valeur | value |
| une taille | size |
| un aveugle | blind person |
| aider | to help |
| marqué | highlighted, scored |
| un caractère | character |
| romain | Roman |
| un symbole | symbol |
| l'ouverture | opening |
| un milliard | thousand million, billion |
| avoir besoin | to need |
| commun | common |
| un emblème | emblem |
| bicolore | two-coloured |
| traverser | to cross |
| une face | side |
| en tout | in total |

## Unité 7 Section 4

| | |
|---|---|
| il fait froid/chaud/ beau/gris | it's cold/hot/nice/ overcast |
| il y a du soleil/ du vent/du brouillard | it's sunny/windy/foggy |
| quel temps fait-il? | what's the weather like? |
| il pleut | it's raining |
| il neige | it's snowing |
| la température | temperature |
| un degré | degree |

| | |
|---|---|
| le nord | north |
| le sud | south |
| l'est | east |
| l'ouest | west |
| la météo | weather forecast |
| un nuage | cloud |
| le climat | climate |
| visible | visible |
| trembler | to tremble |
| la crème solaire | sun-cream |
| les lunettes de soleil | sunglasses |
| l'Océan Atlantique | Atlantic Ocean |
| accompagné de | accompanied by |
| même | even |
| trop | too much |
| une région | region |
| parisien | Parisien |
| sévère | strict |
| le Midi | the South of France |
| presque | almost |
| tous les jours | every day |
| un orage | storm |
| un parapluie | umbrella |
| oublier | to forget |

## Unité 7 Section 5

| | |
|---|---|
| une carte postale | postcard |
| mieux | better |

## Unité 7 Section 6

| | |
|---|---|
| le Sénégal | Senegal |
| plat | flat |
| environ | around, about |
| un habitant | inhabitant |
| sec (sèche) | dry |
| tout | everything |
| tout le monde | everybody |
| un musulman | Muslim |
| le christianisme | Christianity |
| un chalet | chalet |
| le bois | wood |
| malgâche | Madagascan |
| aîné | oldest, eldest |
| une île | island |
| extrême | extreme |
| un continent | continent |
| africain | African |
| bordé | sharing a border (with) |
| la Mauritanie | Mauritius |
| la Guinée | Guinea |
| la Guinée-Bissau | Guinea-Bissau |
| la Gambie | Gambia |
| estimé | estimated |
| un dialecte | dialect |
| frais (fraîche) | fresh |
| la pluie | rain |
| humide | humid |
| la lutte | fight |
| le riz | rice |
| un légume | vegetable |
| une cérémonie | ceremony |
| le thé | tea |
| une salutation | greeting |
| le romanche | Romansch |
| catholique | catholic |
| protestant | protestant |

| | |
|---|---|
| **la religion** | religion |
| **principal** | main |
| **le catholicisme** | catholicism |
| **gagnant** | winning |
| **la moitié** | half |
| **un adversaire** | opponent |
| **l'animateur** | presénter, host |
| **le clavier** | keyboard |
| **une grosse somme d'argent** | a huge sum of money |
| **félicitations** | greetings |
| **se rendre visite** | to visit each other |
| **bien s'entendre** | to get on well |
| **le lendemain** | the next day |

## Unité 8 Section 1

| | |
|---|---|
| en face de | opposite |
| à côté de | next to |
| un plan de la ville | a town plan |

## Unité 8 Section 2

| | |
|---|---|
| vendre | to sell |
| une charcuterie | butcher's shop |
| un tabac | tobacconist's |
| un magasin de vêtements | clothes shop |
| une poste | post office |
| un magasin de sport | sport's shop |
| une pharmacie | chemist's shop |
| une boulangerie | baker's shop |
| un carrefour | crossroads |
| un rond-point | roundabout |
| un pont | bridge |
| une rivière | river |
| des feux | traffic lights |
| un parking | carpark |
| un timbre | stamp |
| un tee-shirt | T-shirt |
| une casquette de baseball | baseball cap |
| une cigarette | cigarette |
| un magazine | magazine |
| un journal | newspaper |
| un pâté | pâté |
| une quiche | quiche |
| une salade | salade |
| un client | customer |
| une queue | queue |
| un pique-nique | picnic |

## Unité 8 Section 3

| | |
|---|---|
| un arrondissement | 'district' |
| se trouver | to find |
| gauche | left |
| droite | right |
| tout droit | straight on |
| traverser | to cross |
| tourner | to turn |
| continuer | to continue |
| passer | to pass |
| pour aller à | to get to ... |
| la bibliothèque | library |
| divisé | divided |
| un escargot | snail |
| un classement | classification |
| une destination | destination |

## Unité 8 Section 4

| | |
|---|---|
| un mètre | metre |
| un kilomètre | kilometre |
| loin | far |
| avancer | to advance |
| sauter | to jump |
| un panneau | sign |
| obligatoire | obligatory |
| interdit | forbidden |
| un pont mobile | movable bridge |
| l'accès | access |
| une descente | descent |
| dangereux | dangerous |

| | |
|---|---|
| une piste | slope |
| un virage | bend |
| un arrêt | stop |
| un endroit | place |
| un jeu de société | board game |
| un tour | turn |

## Unité 8 Section 5

| | |
|---|---|
| pouvoir | to be able |
| un problème | problem |
| une solution | solution |
| un bruit | noise |
| voyager | to travel |
| marcher | to walk |
| un métro | underground |
| une trottinette | scooter |
| le roller | roller-skate |
| respirer | to breathe |
| la pollution | pollution |
| causer | to cause |
| exister | to exist |
| déjà | already |
| choisir | to choose |
| le gaz pétrole liquéfié (GPL) | liquid petroleum gas (LPG) |
| respecter | to respect |
| l'environnement | environment |
| dormir | to sleep |
| une situation | situation |
| une conséquence | consequence |
| directement | directly |
| grave | serious |

## Unité 8 Section 6

| | |
|---|---|
| un Seacat | Seacat |
| la Manche | the English Channel |
| un voyage | journey |
| un port | port |
| un bateau | boat |
| une traversée | crossing |
| un souvenir | souvenir |
| acheter | to buy |
| pour | for |
| un tunnel | tunnel |
| un avion | plane |
| grand-chose | much |
| pratique | practical |
| riche | rich |
| dernier | last |
| un hovercraft | hovercraft |
| original | original |

## Unité 8 Section 7

| | |
|---|---|
| les vacances | holidays |
| un aéroport | airport |
| l'outre-mer | overseas territories |
| surnommé | nicknamed |
| la forêt | forest |
| la volcan | volcano |
| à la montagne | in the mountains |
| le paysage | countryside |
| la canne à sucre | sugar cane |
| la côte | coast |
| rocailleux | rocky |
| les fruits de mer | seafood |
| épicé | spicy |

| | |
|---|---|
| les Martiniquais | natives of Martinique |
| né(e) | born |
| la papaye | papaya |
| la mangue | mango |
| le citron vert | lime |
| un ananas | pineapple |
| perdu(e) | lost |
| l'eau | water |
| bientôt | soon |
| avoir lieu | to take place |

## Unité 9 Section 1

| | |
|---|---|
| une résolution pour la nouvelle année | New Year's resolution |
| laisser | to leave |
| une bicyclette | bicycle |
| cette année | this year |
| content | happy |
| une bande | strip |
| plier | to fold |
| déchirer | to tear |
| au bout | at the end/bottom |
| sinon | if not, otherwise |
| à l'heure | on time |

## Unité 9 Section 2

| | |
|---|---|
| un séjour | stay, visit |
| les vacances | holidays |
| combien de temps | how long |
| Pâques | Easter |
| le logement | accommodation |
| là-bas | over there |
| seul | alone, only |
| une auberge de jeunesse | youth hostel |
| peut-être | perhaps |
| une idée | idea |
| une bulle | bubble |
| une interview | interview |
| avancer | to advance |
| les grandes vacances | summer holidays |

## Unité 9 Section 3

| | |
|---|---|
| une montagne | mountain |
| le ski alpin | cross-country skiing |
| le ski de fond | downhill skiing |
| une sorte | sort, kind |
| les gens | people |
| le vélo tout terrain (VTT) | mountain bike |
| une balade | walk |
| le courrier | mail, post |
| un endroit | place |
| une fromagerie | cheese shop |
| un concours | competition |
| une surprise-partie | party |
| un choix | choice |
| tout | everything |
| tout le monde | everybody |
| la campagne | countryside |
| un séjour à thème | activity holiday |
| c'est-à-dire | in other words |
| un chien de traîneaux | husky dog |
| une arrivée | arrival |
| un départ | departure |
| une soirée dansante | dance |
| la poterie | pottery |
| le goûter | snack |

## Unité 9 Section 4

| | |
|---|---|
| un facteur | postman |
| un médecin | doctor |
| un vendeur | sales assistant |
| un professeur | teacher |
| un technicien | technician |
| une infirmière | nurse |
| un chauffeur de taxi | taxi driver |
| une serveuse | waitress |
| un employé | employee |
| une secrétaire | secretary |
| un pilote | pilot |
| un agent de police | policeman |
| une employée de banque | bank clerk |
| un pharmacien | chemist |
| une pharmacienne | chemist |
| un chef cuisinier | chef |
| un/une journaliste | journalist |
| un boulanger | baker |
| sortir | to go out |
| épouser | to marry |
| divorcer | to divorce |
| un emploi | job |
| les bagages | luggage |
| leur/leurs | their |
| un métier | job |
| une boule de cristal | crystal ball |
| une prédiction | prediction |
| étranger | foreign |
| se passer | to happen |
| une correspondante | penpal |
| le courrier électronique | e-mail |
| une consonne | consonant |
| fantaisiste | imaginative |
| un mécanicien | mechanic |
| une station-service | petrol station |
| immédiatement | immediately |
| une dame | woman |
| une maison de retraite | retirement home |
| un poste | post office |
| un apprenti | apprentice |
| une offre | offer |
| qualifié | qualified |
| à domicile | at home |
| un moteur | motor |

## Unité 9 Section 5

| | |
|---|---|
| une invitation | invitation |
| accepter | to accept |
| refuser | to refuse |
| ce/cet/cette | this |
| vouloir | to want to |
| désolé | sorry |
| d'accord | OK |
| se rencontrer | to meet |
| à bientôt | see you soon |
| demain | tomorrow |
| après-demain | day after tomorrow |
| prochain | next |
| gâté | spoilt |
| un portable | mobile phone |
| proposer | to suggest |

## Unité 9 Section 6

| | |
|---|---|
| venir | to come |
| déjà | already |
| des renseignements | information |
| envoyer | to send |
| par avance | in advance |
| une brochure | brochure |
| une carte | card, map |

| | |
|---|---|
| une liste | list |
| le président | president |
| le premier ministre | prime minister |
| le gouvernement | government |
| une conférence | conference |
| une décision | decision |
| une représentante | representative |
| une élection | election |
| un expert | expert |
| discuter | to discuss |
| un permis | licence |
| en réponse à | in response to |

## Unité 9 Section 7

| | |
|---|---|
| le but | goal |
| le buteur | striker |
| fatigué | tired |
| un emploi à mi-temps | part-time job |
| un apprenti cuisinier | apprentice chef |
| tricher | to cheat |
| le retour | return |
| prochain | next |
| le parc d'attractions | theme park |
| la maison hantée | haunted house |
| la diseuse de bonne aventure | fortune-teller |
| une informaticienne | IT technician |
| une chanteuse | singer |
| l'avenir | future |
| prédire | to predict |
| frisé | curly |
| le portable | mobile phone |
| suivre | to follow |
| sonner | to ring |

## Unité 10 Section 1

| | |
|---|---|
| le pain | bread |
| le fromage | cheese |
| le salami | salami |
| le yaourt | yoghurt |
| le jambon | ham |
| le beurre | butter |
| le pâté | pâté |
| le sucre | sugar |
| le poulet | chicken |
| une tomate | tomato |
| la viande | meat |
| la soupe | soup |
| la pizza | pizza |
| un légume | vegetable |
| les frites | chips |
| un œuf | egg |
| le chocolat | chocolate |
| le café | coffee |
| le thé | tea |
| le jus de fruit | fruit juice |
| le coca | Coca-Cola |
| le vin | wine |
| le lait | milk |
| la bière | beer |
| la limonade | lemonade |
| l'eau minérale | mineral water |
| l'huile | oil |
| la nourriture | food |
| rôti | roast |
| hâché | minced |
| une fraise | strawberry |
| surgelé | frozen |
| une orange | orange |
| soluble | soluble |
| un ticket de caisse | till receipt |
| une pyramide | pyramid |
| un secret | secret |
| la santé | health |
| la vie | life |
| un habitant | inhabitant |
| une île | island |
| la Crète | Crete |
| bienvenue | welcome |
| sacré | sacred |
| la confiance en soi | self-confidence |
| dégoûtant | disgusting |

## Unité 10 Section 2

| | |
|---|---|
| réserver | to reserve |
| libre | free |
| la terrasse | terrace |
| ne … plus | no longer |
| œuf dur | hard-boiled egg |
| les fruits de mer | seafood |
| une crème caramel | crème caramel |
| une assiette | plate |
| le menu | menu |
| une banane | banana |
| les petits pois | peas |
| le plat du jour | dish of the day |
| un haricot vert | green bean |
| un choix | choice |
| un végétarien | vegetarian |
| un plat | dish, meal, course |
| le plat principal | main course |

| | |
|---|---|
| commander | to order |
| choisir | to choose |
| une boisson | drink |
| un hors-d'œuvre | starter |
| vietnamien | Vietnamese |
| un rouleau de printemps | spring roll |
| un ananas | pineapple |
| le riz | rice |
| un beignet | doughnut |
| un routier | lorry driver |
| garer | to park |
| un camion | lorry |
| une formule | formula |
| sauté | fried |
| une pizzeria | pizzeria |

## Unité 10 Section 3

| | |
|---|---|
| ne … jamais | never |
| un mariage | marriage |
| une boisson | drink |
| de plus en plus | more and more |
| sans | without |
| grillé | grilled, toasted |
| un pain au chocolat | chocolate roll |
| tremper | to dip, dunk |
| une biscotte | French toast |
| favori | favourite |
| certain | certain |
| financer | to finance |
| un projet | to project |
| au moins | at least |
| un demi-pensionnaire | (pupil who eats in the canteen at lunchtime) |
| un externe | (pupil who goes home for lunch) |
| un trimestre | school term |
| affiché | attached |
| un distributeur | vending machine |
| léger | light |
| une cuisse de grenouille | frog's leg |
| un escargot | snail |
| une barre de chocolat | bar of chocolate |

## Unité 10 Section 4

| | |
|---|---|
| un paquet | packet |
| un pot | jar |
| un litre | litre |
| un kilo | kilo |
| un gramme | gram |
| une bouteille | bottle |
| une tranche | slice |
| mélanger | to mix |
| ajouter | to add |
| beurrer | to grease |
| verser | to pour |
| la pâte | pastry |
| faire cuire | to cook |
| le four | oven |
| le sel | salt |
| le poivre | pepper |
| une omelette | omelette |
| un champignon | mushroom |
| couper | to cut |
| une crêpe | pancake |

| | |
|---|---|
| un biscuit | biscuit |
| le cidre | cider |
| les cacahuètes | peanuts |
| les chips | crisps |
| une tablette de chocolat | tablet of chocolate |
| un clafoutis | clafoutis |
| une recette | recipe |
| la farine | flour |
| un bol | bowl |
| une cerise | cherry |
| un verre | glass |
| une cuillerée | spoonful |
| un noyau | stone |
| le parfum | flavour, taste, smell |
| un moule | baking tray |
| la moutarde | mustard |
| une carotte | carrot |
| les céréales | cereals |
| le vinaigre | vinegar |
| les petits pois | peas |
| une pincée | pinch |
| une poêle | frying pan |
| le feu | heat, fire |
| prêt | ready |
| la liquide | liquid |
| le sucre glace | icing sugar |
| préchauffer | to preheat |

## Unité 10 Section 5

| | |
|---|---|
| la sauce tomate | tomato sauce |
| récemment | recently |
| hier | yesterday |
| avant-hier | day before yesterday |
| un cauchemar | nightmare |
| une boule de neige | snowball |

## Unité 10 Section 6

| | |
|---|---|
| goûter | to have a snack |
| un citron | lemon |
| nouveau | new |
| un siècle | century |
| rond | round |
| facilement | easily |
| partout | everywhere |
| une boisson | drink |
| remplacer | to replace |
| fabriquer | to make |
| l'origine | origin |
| aztèque | Aztec |
| une meringue | meringue |
| originellement | originally |
| battre | to beat |
| ferme | stiff, firm |
| un zeste | zest |
| une boule | ball |
| une plaque | baking tray |
| beurré | greased |
| une fermière | farmer |
| adapter | to adapt |
| traditionnel | traditional |
| populariser | to make popular |
| une mélange | mixture |
| une source | spring |
| développer | to develop |
| une poudre | powder |
| un chimiste | chemist |

| soluble | soluble |
| un laboratoire | laboratory |
| une compagnie | company |

| quoi | what |
| trop de | too much |
| la nourriture | food |
| le parc d'attractions | theme park |
| le buteur | striker |
| fâché | angry |
| triste | sad |
| le parfum | flavour, taste, smell |
| une lotion d'après-rasage | after-shave |
| soudain | suddenly |
| quel désastre | what a disaster |

## Unité 11 Section 1

| | |
|---|---|
| un sweat | sweat-shirt |
| un pantalon | trousers |
| un blouson | jacket |
| un polo | polo shirt |
| un jean | jeans |
| un jogging | tracksuit |
| un tee-shirt | T-shirt |
| un pantacourt | ¾-length trousers |
| une chemise | shirt |
| une casquette | baseball cap |
| une jupe | skirt |
| une robe | dress |
| des chaussures | shoes |
| des baskets | trainers |
| des chaussettes | socks |
| un pull | jumper |
| le coton | cotton |
| la laine | wool |
| une manche | sleeve |
| court | short |
| le velours | velvet |
| une capuche | hood |
| un col roulé | roll-neck |
| sage | wise |
| un chasseur | hunter |
| un catalogue | catalogue |
| zippé | zipped |
| un look | look |
| coller | to stick |

## Unité 11 Section 2

| | |
|---|---|
| ces | these |
| ça m'est égal | I don't mind |
| chic | nice |
| la taille | size |
| gros | big, fat |
| démodé | out of fashion |
| à mon avis | in my opinion |
| à la mode | fashionable |
| le style | style |
| le look | look |
| amusant | amusing, funny |
| un ensemble | whole |
| des bottes | boots |
| quels, quelles | which, what |
| taper | to type |
| lent | slow |
| kaki | khaki |
| une sélection | selection |
| le mot | word |

## Unité 11 Section 3

| | |
|---|---|
| une boutique | shop |
| les affaires | things |
| économiser | to save (up) |
| un/une fanatique | fanatic |
| le beige | beige |
| clair | light |
| une valise | suitcase |
| un maillot de bain | swimming costume |
| beau/belle | beautiful |
| nouveau/nouvelle | new |
| en ordre | in order |
| en désordre | in the wrong order |
| déborder | to overflow |

| | |
|---|---|
| une avance | advance |
| le kaki | khaki |
| pastel | pastel |
| désert | desert |
| une tenue | outfit |
| une dictée | dictation |
| l'essentiel | essential |
| une matière | material |
| sérieux | serious |
| une nouveauté | novelty |

## Unité 11 Section 4

| | |
|---|---|
| raide | straight (hair) |
| une boucle d'oreille | earring |
| frisé | curly |
| un piercing | piercing |
| le nez | nose |
| des lunettes | glasses |
| rayé | striped |
| en brosse | in a crew cut |
| un sac à main | handbag |
| les vêtements de marque | designer clothes |
| les soldes | sales |
| penser | to think |
| juste | fair |
| les médias | media |
| un auto-portrait | self-portrait |
| retourner | to return |
| compliqué | complicated |
| utiliser | to use |
| un modem | modem |
| inutile | useless |
| une offre spéciale | special offer |
| parfait | perfect |
| une bague | ring |
| une montre | watch |
| une ceinture | belt |
| la confiance en soi | self-confidence |

## Unité 11 Section 5

| | |
|---|---|
| aussi … que | as … as |
| spécial | special |
| gagner | to win |
| un ordinateur portable | laptop |
| haut | high |
| britannique | British |
| la Tamise | the Thames |
| fréquent | frequent |
| probablement | probably |
| transporter | to transport |
| le double | double |
| une autoroute | motorway |

## Unité 11 Section 6

| | |
|---|---|
| branché | trendy |
| savoir | to know |
| la finale | final |
| retrouver | to find again |
| heureux | happy |
| soutenir | to support |
| le sourcil | eyebrow |
| le nombril | navel |
| la langue | tongue |
| attendre | to wait |

| | |
|---|---|
| voler | to steal |
| courir | to run |
| décrire | to describe |
| les prolongations | extra time |
| marquer un but | to score a goal |
| les larmes | tears |
| apporter | to bring |
| enchanté | delighted |
| la faute | fault |
| le petit ami | boyfriend |

## Unité 12 Section 1

| | |
|---|---|
| il me faut | I need |
| il faut | it's necessary to |
| un appareil photo | camera |
| un cadeau | present |
| changer | to change |
| réserver | to reserve |
| un billet | ticket |
| une carte d'identité | identity card |
| des médicaments | medicine |
| photocopier | to photocopy |
| un document | document |
| de temps en temps | from time to time |
| un sac à dos | rucksack |
| une disco | disco |
| des conseils | advice |
| la fois | time |
| une livre | book |
| l'aspirine | aspirin |
| antiseptique | antiseptic |
| une règle | a rule |
| le chewing-gum | chewing gum |
| un voyageur | traveller |
| immédiatement | immediately |

## Unité 12 Section 2

| | |
|---|---|
| me | me, myself |
| te | you, yourself |
| vers | towards |
| recommander | to recommend |
| un séjour | stay, visit |
| remercier | to thank |
| par avance | in advance |
| allô | hello |
| l'appareil | phone |
| heure locale | local time |

## Unité 12 Section 3

| | |
|---|---|
| se dépêcher | to hurry |
| s'amuser | to enjoy oneself |
| se servir | to help oneself |
| s'asseoir | to sit down |
| bienvenue | welcome |
| enlever | to take off |
| donner | to give |
| quelque chose | something |
| fatigué | tired |
| une entrée | entrance |
| un vestibule | cloakroom |
| mauvais | bad |
| un/une invité/e | guest |
| causer | to cause |

## Unité 12 Section 4

n/a

## Unité 12 Section 5

| | |
|---|---|
| remercier | to thank |
| un séjour | stay, visit |
| envoyer | to send |
| espérer | to hope, expect |
| un/une corres | penpal |
| cette soirée | this evening |
| dire | to say |
| drôle | amusing, funny |

## Unité 12 Section 6

| | |
|---|---|
| ménacé | threatened |
| protéger | to protect |
| les mauvaises nouvelles | bad news |
| blessé | injured |
| s'ennuyer | to get bored |
| le studio d'enregistrement | recording studio |
| un texto | text message |
| le bras | arm |
| un ingénieur | engineer |